国家社科基金艺术学一般项目"新兴媒体竞合下中国广播现状与发展研究"（10BC025）阶段性成果

本书译者：胡文杰　姚争　刘晓莺

卡罗尔·弗莱明 Carole Fleming / 著

胡文杰 姚争 刘晓莺 / 等译

广播手册

THE RADIO HANDBOOK

ZHEJIANG UNIVERSITY PRESS

浙江大学出版社

引　言

2002 年上一版《广播手册》出版以来，英国广播产业的变革不断在展现广播是如何不断发展以应对社会技术进步以及这些改变带来的挑战的。当时，数字音频广播(DAB)正努力稳固自己的地位，无线电台网站还很粗糙，播客还未出现，无线波段由广播局管理。

时间快进到 2009 年，一个截然不同的世界出现了。DAB 作为一个平台仍在努力，但听数字广播的人越来越多：2008 年年初，英国有 25％的人听 DAB 广播，其中 36％的人通过数字电视收听，22％在线收听，另外 12％用手机收听(英国通信管理局——简称 Ofcom 2008a：282)。如今无线电台正积极地推介他们的网站，鼓励听众参加竞赛、与主持人在线互动和下载播客。英国广播公司(BBC)每周制作数百篇播客，这些播客定期出现在 iPod 十大播客榜中。57％的商业电台也制作每周播客(广播中心 2008：19)。为了应对广播传送方式的改变，Ofcom 采取了一种比较温和的方法来调节广播：用宽松的方法管理模拟电台，使其与数字电台相协调(Ofcom 2007a)。

因此，这本新版《广播手册》研究的是一个完全不同的广播产业：本世纪初的那些大牌已经消失，取而代之的是一些新兴的、相对来说默默无闻的玩家。成立于 2007 年的全球广播收购了前蝶蛹电台，2008 年 6 月又以 3.75 亿英镑的价格收购了 GCap 公司，在一年的时间里一举成为最大的商业电台集团。德国媒体集团鲍尔在 2008 年 1 月花 4.22 亿英镑收购 Eamp 电台成为英国第二大电台集团。2008 年 5 月,印度时报集团买下维珍电台,终结维珍 15 年的品牌之旅,并在几个月之后将其更名为绝对电台。

末日预言者把大部分改变看作是广播的丧钟,其他人却认为这些改变表明广播产业正在热身,准备好重新发挥自己的作用,就像它过去多次面临来自其他媒体的挑战时所做的那样。广播的适应性和改造自身的能力让听众对它忠实,使其成为一个如此吸引人去探究的媒体。本书旨在讨论制作广播的组织结构和工作原理,从而揭示人们普遍认为的简单媒体——只需要一个麦克风、一个发射台和一个声音——背后的复杂性。通过广泛采访业内人士,分析行业内外部开展的研究,广播的复杂性得以揭示并有望得到解释。

考虑到过去 12 个月中广播行业发生了这么大的变化,从本书的研究到出版之间,形势也不可避免地发生了变化。一些电台因为新东家发生了改变,另一些因为业内人员跳槽到其他行业。我已经尽可能考虑到这些。无论如何,本书采访的每个人都是在谈论他们当时所见的形势,不管发生任何变化,他们的观点都是有效的,只是需要结合本行业周期性经历的循环变化语境来解读。

大部分人都认为英国广播的基石是公立的 BBC,每周 68% 的英国成年人收听 BBC 广播(Otcom 2008a:256)。但是近几年米,BBC 也经历了变革,随着 2007 年 1 月一张新的皇家特许状开始生效,这个广播巨头也被重组。因此,本书第一章着眼于 BBC 的新结构,分析这些改变如何影响广播产出,包括 BBC 作为一个公共服务性广播公司的地位。然后,转而研究商业电台的发展,分析其作为地区性和区域性电台供应商的实力。结尾部分研究英国广播如何采集收听数据、听众的特点以及他们使用广播方式的转变。

毫无疑问,近年内广播最大的变化是 DAB 数字广播的发展,因此第二章将探讨关于采用英国特有的数字广播传输系统的论战。DAB 之前想通过提供无尽的选择和更好的音频质量来成为广播救世主的愿景已然消失,而且尽管现在对于数字广播转换仍有一个尝试性的计划表,人们还是普遍认为 DAB 只会成为一个数字传输系统。之后,在分析更多传统的广播传输方式——医院电台和海盗电台之前,先研究网络电台——包括个人在线广播,很多人把网络电台看作是广播的未来。

2000 年至今,广播的另一个重大改变是社区电台的发展,据 2004 年社区电台订单可知:社区电台已经发展成为英国广播的第三极。第三章将记载其成长和发展,通过简介社区电台塞壬调频来探究社区电台在现代媒体中的地位,之后本章将研究另一个新手——播客,分析这种现象如何以其将每个人都变成播音员的潜力模糊了广播的定义。

如今有这么多的无线电台,每家电台都设法让自己与众不同,想为听众提供一个独一无二的品牌。第四章中,我们将考察一家电台获得和保持一个品牌的方式,特别分析 BBC 和商业广播的品牌,揭示它们的品牌是如何吸引听众的。然后讨论音乐在广播中的地位,并且用一个新的小节来解释英国最大的广播广告生产商是如何制作广播广告的。结尾部分将介绍比赛和非广播的活动,如无线电台赞助的演唱会是怎样促进电台品牌推广的。

当然,任何一个电台品牌中,一个重要的部分是其传送的"声音",这是播音员最明显的特征。第五章讨论了播音员的地位和不同的播报风格,分析他们如何推广电台品牌。说得更直白一些,本章还有广播发音教练凯特·李给准播音员的建议,教他们如何最大限度地发挥声音的潜力。本章结尾部分是广播 1 台简介,说明该电台声音的成功在于了解到目标听众——15～29 岁的听众——想听什么样的广播并加以利用。

无线电台声音的另一个重要部分——尤其是地方广播电台——是新闻,第六章研究了广播中新闻的地位和新闻编辑室的运转方式。虽然各家电台的新闻播报方式和持续时长因不同的受众群各不相同,但本质上说,新闻的编辑方式是相同的。因此,本章将描述构成新闻的各要素以及在新闻选取过程中所采用的标准。之后通过简要分析两个新闻公告来说明为了满足不同的目标听众,同样的新闻是如何编辑的。

在所有关于品牌化的讨论中,人们很容易忘记无线电广播的具体细节,因此第七章将研究广播的工具。尽管算不上是一份关于广播技术设备的详尽分析,但本章对工作室和新闻编辑室的工作原理作了解释。研究不同类型的采访和如何最大限度地利用这些采访之前,本章探讨了不同类型的麦克风及使用。本章的目的不是提供一份技术指南,而是要阐明大部分广播电台所使用的设备,并说明为什么不同情况下会用不同的工具和方法。

不过,尽管我们不能否认技术对节目编排有影响,但广播的基本优势——与听众互动,让人们了解遥远的事件和不断变化的最新形势——仍然没有改变。第八章通过分析不同类型的节目编排来讨论广播是怎样综合这些优势的,包括研究热线电话节目及其工作方式、广播对紧急情况如何反应、竞选广播和戏曲广播。

如果没有考虑到体育广播,任何关于广播的讨论都不会完整。第九章将探讨广播对体育的处理方式及其对电台的重要性。各体育记者通过评论奥运会的足球赛事来解释他们的工作,并且对体育广播的不同方面给予了指点。本章结尾是关于BBC体育记者的描写。

从一开始,广播就给政府带来了挑战:政府担心广播会影响大众。因此,无线电(和其他形式的广播)受到了比印刷媒体更加严格的监管,第十章讨论的就是广播如何承担责任,包括一些对广播的法律限制和对广播规定更详细的探讨,特别研究了BBC信托基金会和Ofcom的结构,分析了适用于所有广播公司的通信管理局广播代码。之后讨论如果这些规定都被打破的话会发生什么情况,就像2008年11月那样,广播2台的两位知名播音员打了一个恶作剧电话,结果在全国引发骚动,以至于首相戈登·布朗都批评了他们的行为。

最后一章研究的是如何根据雇主和行业训练员的建议来启动广播。广播涉及的所有工作不都是由无线电传播的,不过大部分的确需要某种形式的培训,本章研究广播的各条线路,并且对于怎样分辨最佳线路给予建议。

虽然本书不是对于英国广播如何操作的详尽描述,但是仍有望为播音员面临的关键问题提供启示。目前已有很多分析广播理论的专著,也不乏研究广播实践的著作。而本书旨在揭示当我们打开收音机时理论——从"广播日"的结构到新闻选取——是如何影响我们实际听到的内容的。英国的广播行业在过去几年中有了如此大的发展,一册书不可能囊括各方面,但仍有望对主要问题加以探讨,并提供能引发人们广播热情的解释方式。广播可能是最古老的播送媒体,但改造自身的能力使它永远年轻、令人兴奋。本书尝试说明广播设法成为我们大家生活中相关部分的原因和方式。

尽管面临来自其他诸多媒体的竞争,广播似乎还能站得住脚,其持续流行的原因之一可能是到 2008 年 7 月,AM、FM 和 DAB 总共提供了 397 个电台(Ofcom 2008a:243),这就意味着实际上电台之间为吸引和赢得听众的竞争更加激烈了。

目　录

第一章　广播复兴

在这样一个各种媒体充裕的年代，人们可能会觉得有点诧异：最古老的大众传播方式——广播，竟然还能站得住脚，而且几乎90％的英国人平均每周会听22.5小时（电台联合受众研究——简称RAJAR 2008a：第2季度）。广播无处不在。AM、FM模拟平台和DAB广播总共提供了397家各不相同的电台（Ofcom 2008a：4：2：1）、150多家社区无线电台、80多家学生电台，当然还有数以百计的网络电台。

出现这么多电台的原因之一是技术的进步保证了如今能从多个平台获取广播。同上文中提过的平台一样，2008年7月还有将近80家电台用数字卫星广播，其中超过27家电台是无线收听，34家有线收听，哪怕大部分数字电台是现有电台的同步转播（Ofcom 2008a：4：2：1）。虽然用手机收听广播的听众还在少数：每周只有4％的听众（Ofcom 2008a：4：3：3），但有迹象表明这种现象将会改变。2008年早期，GCap公司（如今的全球广播公司）宣布了一项与苹果公司的交易，凭这项交易，GCap公司的电台能在iPod触屏MP3播放器和iPhone上同步直播。利用无线宽频，听众能够浏览GCap电台，访问播客，从苹果公司最热门的音乐软件iTunes购买音乐声带或是从亚马逊购买一整盘CD，GCap能从这些零售价中获得一份利润（艾伦2008）。一个月后，GCap买下了社交网站"welovelocal.com"的大部分股权，宣称他们"希望围绕电台品牌发展在线社区"

(Ofcom 2008a:260)。其他方面的发展包括无线网络电台的成长,现在有 40 多家公司都在建无线电台。无线网络电台装置与无线电台的网站相连,无需使用电脑就能访问到近 10,000 家电台。Ofcom 2008 年 7 月的研究表明,虽然只有 6％的人有无线网络收音机,但是网络对广播越来越重要,说明这个平台将会继续发展。

这就是说,广播已经不再局限于用一台传统的收音机来收听了,正如广播学院主任特雷弗·丹恩解释的那样:

> 许多人根据自己的听力模式采用不同方式收听广播。比如说,我起床后听 DAB 广播,然后在浴室里听 FM,上车之后我一般听 AM 的第 5 频道,乘上火车后我插上 iPod 开始听播客,有时在工作中我会使用 BBC 的"再听一遍"服务。所以说我是从各种不同的传送系统收听广播的。我觉得这正是现代化的视角。

理论上,更多的广播电台和不同的传送平台应提供各种不同类型的广播,但实际上大部分电台差不多都是以音乐为主导的模式,以至于许多人没有意识到电台广播的一系列节目中还包括肥皂剧、戏剧和喜剧。这一点在 Ofcom2008 年度通信市场调查报告中就能体现出来。报告发现"电台模式的最大收益仍掌握在唱片排行榜和成人主流类型节目手中,2008 年第 1 季度这两者占据了商业模拟网络广播收益的 65％"(Ofcom 2008a:249)。尽管有众多的语音电台,可是就连 BBC 无线电台半数以上的时间——51.6％也是在播放音乐(Ofcom 2008a:257)。

本章接下来将探讨人们收听广播的原因,之后的章节会研究不同类型的广播。不过,考虑到大部分人听的仍是"主流"广播,即 AM 和 FM 为广大听众制作的专业化广播,从研究这些电台开始是很重要的。

广义上说,英国的主流广播有两类:BBC 的公共服务广播和"独立电台"的商业广播,但是这种划分不够清晰,而且"公共服务广播"这个术语本身就很成问题。

虽然 BBC 是公立的，但是仍需要靠吸引听众来证明它的执照费的存在是合理的。2000 年初开始，BBC 已经主导英国的广播收听，到 2008 年第 2 季度，BBC 占据 55.5％的收听份额，而所有商业电台的收听份额加起来总共才 42.4％（RAJAR 2008a：第 2 季度）。许多商业电台老板认为这是因为 BBC 正在逐步采取一种侵略性的市场姿态，利用执照费支付巨额工资给最好的主持人，这一点商业电台望尘莫及。

商业电台老板还指出电台经营以获取利润为目标并不妨碍其为公众提供服务，他们说 2007 年商业电台奉献了 13,000 多小时的播出时间给"正在进行"版块播报社区新闻，还募捐了 1700 多万英镑的善款（广播中心 2008：7）。

基于这些原因，更深层次地研究上述两种广播类型以及讨论公共服务广播是很有意义的。

公共服务广播

在其成立后的前 50 年里，BBC 相当于是英国无线电广播的同义词。BBC 前身是一家商业公司，于 1927 年 1 月被授予皇家特许状，创立这家公立的英国广播公司将在英国提供广播视为自己的唯一职责。通过执照费获取的资金保证了 BBC 的垄断地位，使得第一任总裁约翰·里斯有时间和资源在没有商业压力的条件下发展公司，另外特许状还赋予了 BBC 完全的编辑自主性（克里塞尔 1994：21）。

但成为公立机构也为 BBC 带来了"服务"大众的责任：它的节目产出不仅要娱乐听众，还得提供信息和教育。根据 2007 年 1 月开始生效到 2016 年 12 月末截止的最新皇家特许状，"BBC 存在的目的就是服务大众"（皇家特许状：3(1)）。所以说，尽管 BBC 独立于政府，但还是得证明自己节目编排和开销的合理性，从而继续获取公共资金。政府设定执照成本以及给予 BBC 比例的多少，并且最终能决定完全终止 BBC 的执照费。因此，国家公共服务广播的地位对 BBC 来说十分重要。

问题在于对公共服务广播（PSB）没有绝对权威的定义，尽管孔雀委员会1986年针对广播提出了"公共服务理念"的八条原则：

供给和接收的地理普遍性；为所有品味和兴趣提供节目的目标；满足少数民族的需求；考虑到民族认同和民族共同体；保证广播独立于政府和既定利益之外；有公共（不只是广告商）直接投资的成分；鼓励节目不只是为了争夺听众而竞争；支持播音员的自由（麦奎尔 1994：126）。

1986年以来，媒体格局发生了翻天覆地的变化，当前有更多的媒体可供利用，可以说除"公众直接投资"外，作为一个整体的商业电台和BBC一样践行着这些理念。此外，公众对执照费的支持力度似乎正在减弱。2008年《卫报》委托益索普·莫利调查机构作了调查，41％的人认同执照费是投资BBC的最佳方式，47％的人则觉得这钱花得不值：

同样令人担心的是，虽然BBC称他们提供的节目别处无法获得，但很多人对此似乎并不买账——而在BBC试图加强执照费合理性的尝试中，尤其在政客中，这一点是证明执照费应继续的关键点（吉普森2008a）。

根据最新的皇家特许状，BBC在以总裁为首的执行委员会领导下进行重组以处理公司的日常运行，成立代表公共利益的BBC信托基金会。信托基金会2007年的首次年度报告中，董事长迈克尔·莱昂斯爵士说基金会有三大目标，一是保证BBC的独立；二是"为所有英国人和社区提供有特色的高质量服务"；三是"确保BBC为英国社会、经济和市民生活做出重大贡献"（BBC年度报告2006/07：2）。可以看出，这些目标与孔雀委员会提出的公共服务理念不谋而合。

其实，可能因为面临关于执照费是否应持续的争论，BBC信托基金会很热衷于强调自己是代表公众利益的：

基金会会付款给 BBC 的大众服务。我们广泛听取大家的呼声,在努力理解所有的意见和期望之后做出判断。我们保证 BBC 的独立、创新和有效,保证 BBC 永远都是英国国内和国际上一支创造性经济力量(BBC 年度报告 2006/07:9)。

为了实现这个目标,皇家特许状制定了六条公共目标来管理 BBC 的经营方式,分别是:

(1)保持公民身份和公民社会;

(2)提倡教育和学习;

(3)激发创造力和文化美德;

(4)代表英国,代表英国民族、地区和社区;

(5)把英国介绍给世界,把世界介绍给英国;

(6)促进其他目的的实现,帮助把新型通讯技术和服务的益处传达给大众,此外,在转换至数字电视的途中占领先地位(皇家特许状:4)。

为了明确这些公共目的对每家电台作用如何,信托基金会出版了"目的汇"来设定怎样评价每家电台的表现,并根据这些目的发行服务许可证。BBC 的每家服务机构都有一个详尽的服务许可证,清楚地列出要求是什么以及这些要求与公共目的有哪些联系。例如,广播 1 台的服务许可证规定,为了对"激发创造力和文化美德"的公共目的做出贡献,电台必须:

- 每周至少播送 60 小时的专业音乐。

- 保证每年日间音乐中至少有 40% 来自英国艺人。

- 保证每年至少 45% 的日间音乐是新出的。

- 每年大约广播 25 个主要现场事件和英国国内及国际节日。

- 每年至少广播 250 个新会议。

- 实现 BBC 电台对委员会的承诺,至少有 10% 的时间播送独立制作人的合格节目(2008 年 4 月 7 日发布的 1 号电台服务许可证)。

基金会还负责执行公共价值测试，以检测推行一项新的服务或者在一个现有服务上做一些改变的建议。这个过程的第一部分是 BBC 信托基金会研究提议，对执照费支付者价值进行"公共价值评估"和公共咨询。第二部分是 Ofcom 负责或开展"市场影响评估"，用来"衡量提议的改变将会对市场其他参与者产生的影响"（BBC 年度报告 2006/07:36）。这个新系统应该要取悦商业广播公司，因为这些公司长期抱怨自己被 Ofcom 设定的性能规则所束缚，而 BBC 却能在不作外部咨询的情况下做出改变。特别是 1998 年广播 2 台的变革给商业电台带来了严重的冲击，年轻的主持人和新的播放列表仿佛在一夜之间开始吸引了许多人眼中的关键商业电台听众。这些改变发生了作用，广播 2 台成了国内收听率最高的电台，2008 年第 1 季度，成人听众（1360 万）中超过 1/4（27%）的人每周会收听广播 2 台。

广播 2 台和音乐 6 台的总经理安东尼·贝勒科姆说，2 台大受欢迎的原因之一是采用广泛的处理方法来对待每一个人，从像戴维·雅各布斯和泰利·霍根这样经验丰富的老播音员到拉塞尔·布兰德和克里斯·埃文斯这样的年轻播音员再到专业音乐节目和纪录片。他认为这正是 BBC 需要做的：

> 最终，商业电台必须成功实现与目标听众的沟通，因为电台的广告商恰恰需要我们这么做。执照费的责任范围应当更广——不是一个受限的电台，而是在方法上更加宽泛，这样就能为我们提供一个平台，好让个体的激情和见识转变成真正有趣的广播。

事实上，电台服务许可证的条件之一是电台"播放音乐的类型应比英国其他任何一家专业电台都要更加广泛，每年应播放 1100 多小时的专业音乐节目"（广播 2 台服务许可证 2008）。虽然 2 台可能有广泛的吸引力，而且公平地说 BBC 的一些电台的确有点中规中矩，但是总体上 BBC 通过斯蒂芬·巴纳德所说的"互补性"能为所有听众提供节目。"电台服务中的互补性是指提供的节目与其他电台相吻合，而不是直接竞争。"（巴纳德 2003:32）换句话说，BBC 在设定每一项电台服务时都会考虑到一个特定的听众群,这样每种口味都能在 BBC 大家族中得到满足,这点安东尼·贝勒科姆也是承认的:"我认为当广播 1 台的部分听众觉得是时候换台时,他们会选择 2 台。所有广播网在到达听众前是相互关联的,但是听众所选择不同的电台,想听到的内容也不同,这就是电台需要各自分开的原因"。

提供稳定的广播电台可不便宜,Ofcom 说:"BBC 的开销仍是广播行业最大的单项资金支出"(Ofcom 2008a:248)。2007 年 8 月广播业务总共花费 5.98 亿英镑,尽管事实上半数以上的广播时间播放的是人们认为比语音要便宜的音乐内容,广播内容还是花掉了 4.6 亿英镑(Ofcom 2008a:257)。

BBC 管理广播的方法表明,虽然听众对他们来说很重要,但践行"鼓励节目不只是为了争夺听众而竞争"的公共业务理念也同样重要。例如,广播 4 台职权范围包括"混合语音服务,提供深入的新闻和时事报道以及其他各种不同的语音输出,包括戏剧、作品选读、喜剧、真实事件和专题节目"(广播 4 台服务许可证 2008)。其中包括每年应当有至少 2500 小时的新闻和时事,600 小时的原创戏剧和作品选读以及 180 小时的原创喜剧(同上)。因此,虽说 2008 年第 1 季度有 960 万的成人听众(Ofcom 2008a:256),但广播 4 台的业务预算达 8600 万英镑,而且 4 台节目是 BBC 广播里面最贵的,每个小时的制作费高达 9900 英镑(Ofcom 2008a:258)。

语音广播的高成本也能从 BBC 第二贵的 5 号直播台上看出来。5 台的服务许可证将自己描述为"连续新闻和运动赛事直播之家,旨在把正在发生的主要新闻故事和体育赛事带给听众,并且通过广泛的分析和讨论来提供情境"(5 号直播台服务许可证 2008)。有 12% 的人收听该频道,其中 1/3 的人通过数字广播,而不是不可靠的 AM 调频来收听,该频道每小时制作费为 6300 英镑(Ofcom 2008a:258)。

除了网络电台之外,BBC 还有 4 家仅限数字电台:1 号 X 台、临时 5 号体育直播台、6 号音乐台和 BBC 广播 7 台。其中,最受欢迎的是 BBC 广播 7 台,这是一个基于语音的娱乐频道,是 BBC 以孩子们的语言电台之家为定位设计的。

与大多数只限数字电台类似，7 台的听众很少，只占人口的 1.6%（RAJAR 2008a：第 1 季度），但是因为该电台大部分的节目来自 BBC 档案，它是节目开销最便宜的电台之一，每小时只需花费 600 英镑（Ofcom 2008a：258）。

出人意料的是，BBC 广播最便宜的节目是地方电台制作的，每小时制作费只需 400 英镑，而且当 38 家地方电台与国家电台——BBC 苏格兰驻地、BBC 威尔士驻地和 BBC 北爱尔兰驻地联合之后，但他们的收听率能达到 20.4%（Ofcom 2008a）。地方电台语音广播和音乐广播的比例为 60：40，因此，他们的花费比像亚洲网这样的电台少这么多真是令人诧异，要知道亚洲网语音广播和音乐广播的比例是 50：50，花费却是每小时 1300 英镑，比地方电台的 3 倍还多。

虽然大型网络电台是 BBC 光鲜的一面，但地方/国家电台才是人们真正用来与部分目的听众——50 岁以上的老人或是正在上学的孩子——相联系的电台，人们还认识到 BBC 苏格兰驻地、威尔士驻地和北爱尔兰驻地不只是 BBC 这个遥远而强大的组织的一部分，同时也是社区的一部分。"每周大约 5 个英国成人中就有一个收听 BBC 地方/国家电台（1030 万听众）；对于 280 万人来说，地方 BBC 电台是他们收听的唯一的 BBC 电台（同上：256）。

虽然可能不会给本地电台财政上的奖赏，但是 BBC 已经认识到这些电台的重要性，尤其是它们能帮助实现 BBC 信托基金会提出"代表英国，代表英国民族、地区和社区"的公共目的。BBC 地方电台服务许可证的条件之一是每周应至少播放 85 小时的当地原创节目（BBC 地方电台服务许可证 2008）。许可证还强调电台应融入社区，鼓励互动。"节目要为听众提供作贡献的机会，应该给听众讲述自己的故事的机会"（同上）。正如 BBC 诺丁汉电台编辑索菲亚·斯图尔特说的那样："战略上，我们要做的是关注听众，围绕听众，这样他们才会喜欢我们，才会愿意与我们在一起。"

虽然 BBC 可能主导了英国国内的广播收听，但还远远不能自满，尤其是目前商业广播逐渐取得了地方层面上收听率比拼的胜利。更令人担忧的是，有证据表明，部分人，包括那些社会经济地位较低的群体，认为 BBC 没有代表他们的利益。2008 年 8 月《卫报》的一次益索普·莫利投票也反映出 BBC 以伦敦为核心的本质是个问题：

> BBC 信托基金会的研究已经表明离伦敦越远，就越少能有人感觉到 BBC 代表他们的利益。我们的结论证实了这点，例如，苏格兰 35％ 的人赞同执照费是一项合理的筹资机制，47％ 的人反对；而在伦敦赞同的有 37％，反对的为 28％（吉普森 2008a）。

商业广播

顾名思义，商业广播通过把广播时间卖给广告商而获利，始于 1973 年 10 月。那时伦敦广播公司电台开始发布新闻和信息，一周后首都广播的"大众娱乐"电台追随其后。之后三年，在英国独立广播机构的监督下，一张囊括 19 家地方电台的网络发展起来（广播中心 2006：5）。早期，这些电台跟 BBC 电台很像，部分原因是这些新电台的很多员工之前都在 BBC 工作，管理方式也很像。

从一开始，英国独立广播机构（IBA）坚持让电台设定一项完全的新闻服务，为各年龄段的听众提供节目，而且还要反应出所属社区的多样性，以此给他们施加特定的公共服务义务（巴纳德 2000：53）。这就意味着商业电台无法为广告商提供一个特定的听众群，因此，对广告商的吸引力受到了限制。另外，IBA 的收费标准进一步阻碍了商业电台获利的愿望：

> 为了支付管理、播送和继续发展系统的费用，IBA 的租金很高——早些年平均租金相当于电台收入的 10％，使得电台成本高昂，另外，版税也很高，平均占收入的 12％ 到 13％。后来，IBA 还要求电台另取 3％ 的收入来雇佣音乐家，所以电台只剩不到 25％ 的可支配收入来支付一个雇员或是经营一家企业通常所需的成本，如房租、房产税、交通费、能源费等等（广播中心 2006：6）。

此外，新电台诞生时碰上了一段时间的周期性衰退，那时广告业处于低谷，来自新形式电视——有线频道 4 台和卫星频道的早餐电视——的竞争还在不断加剧，陆基海盗电台也在陆续增多，这些电台不受管制，能为广告商提供特定的目标听众群（克里塞尔 1994：37）。

1990 年的《广播法》改变了这一切。所有权、投资监管和公共服务要求都变得相当宽松，而且随着拓宽地方、地区业务的承诺的提出，3 家国家商业电台拔地而起。《广播法》也见证了 IBA 的解散和新的监管机构——广播电台局——的诞生，电台局的监管很松并承诺开拓听众选择。

这个时期的另一个发展是，无论商业电台还是 BBC 电台，在 AM 和 FM 上联播的广播电台都寿终正寝。之所以会发生这种情况，是因为尽管独立电台已经被设想为甚高频（FM）服务，20 世纪 70 年代早期，大部分广播收听还是利用中波（AM），因此为了给新生服务一个更好的机会，他们还是分配给 AM 调频（广播中心 2006：7）。

对大多数电台来说，这意味着他们能把 FM 服务定向为较为年轻的听众群，并且开始在 AM 上面向 35 岁以上的听众广播一项"金牌"业务。

这些举措有助于商业广播锁定目标听众，比过去有效得多。不幸的是，虽然商业广播在整个 20 世纪 90 年代取得了很大的发展，但许多电台要么选择锁定同样的听众群，要么选择类似的——因为广告商认为这些听众最具消费能力，所以电台都想把信息传达给他们。对广告商来说，广播的收听率很重要，但能反映总体听众人口图景的听众形象也同样重要。比如说，在一家大部分听众是 55 岁老男人的电台宣传一次性纸尿裤就没什么意义。电台最想锁定的听众群是 24～35 岁之间女性为主的群体，她们被看作是一次性商品的主要购买者。就是说，整个 20 世纪 90 年代无线电台的数量比以往要多，而且大部分电台的目标听众相同，导致他们听上去都差不多。

为了继续发展，商业广播需要更多的电台，但是很明显，到 20 世纪 90 年代中期，FM 上可供利用的波谱已经非常有限。这就促使以 BBC 和当时最大的商业电台集团 GCap（现在的全球广播）为首的广播行业去探索数字广播和 DAB

采纳的系统。DAB 能通过多路传输系统提供数百个电台,人们希望通过它能把广播带给特定的听众,而且有时候它的确是这样做的。但事实上,DAB 高昂的启动成本加上接收器的成效缓慢,使得 DAB 的大部分电台都是已有电台的同步播出(更多关于 DAB 的信息详见第二章)。

商业广播集团要想在模拟电台上取得进展,唯一的方式是尽量收购现有电台。于是 2008 年见证了疯狂的收购和并购给商业广播领域带来的重大改变。六家最大的广播集团中有三家易主,两家最大的集团——GCap 和皇家广播成为私有。苏格兰媒体集团将国家商业电台维珍电台(如今的绝对电台)卖给了印度时报集团(TIML),终结了维珍 15 年的品牌之旅(Ofcom 2008a:251)。

2008 年年底,最大的商业广播集团是拥有 25% 商业模拟电台份额的全球广播,它有 76 家模拟电台,其中包括前 GCap 和蝶蛹电台,5 家伦敦电台——首都广播、心灵调频、XFM、精选电台和金牌广播,还有前 GCap 城市电台网,金牌、心灵和银河电台,国家商业电台经典调频和只限数字的契尔电台。为了收购蝶蛹电台集团,全球广播 2007 年才成立,可到了 2008 年末,Ofcom 估计它每周的听众能达 2400 万,相当于英国 40% 的人口(Ofcom 2008a:261)。

第二大集团是收购了皇家广播全部产权的德国媒体集团鲍尔,拥有 41 张模拟电台许可证,占有 14% 的市场份额,这意味着仅仅两大集团就控制了将近 40% 的商业电台。鲍尔集团旗下电台包括魔法、科斯、科朗,类似关键 103 的大城市电台,城市广播,只限数字的热浪、Q、魔幻电台以及收听率最高的热力四射广播(RAJAR 2008a:第 1 季度)。

另一个实力雄厚的玩家是卫报媒体集团(GMG),利用"流畅"、"真实"和"世纪"这三个品牌主导了商业区域电台。GMG 电台每周大约总共能吸引 540 万听众,这些听众每周平均收听 10 个小时,占收听总数的 4.5%(Ofcom 2008a:265)。

不过正如所有权发生了改变一样,商业电台似乎变得更有凝聚性了,因为电台不再认为自己是在与其他商业电台竞争,而是在与 BBC 竞争。广播行业被视作一个整体,这点很有意义:商业电台只有 3 家国家模拟电台(2 家 AM 波段,1 家 FM 波段),而 BBC 有 5 家(1 家 AM 波段,4 家 FM)。因此,从全国范围来说,BBC 能为听众提供更多选择,自然也就能获取更大的听众份额——BBC 的广播网占据了所有收听时长的 47%(Ofcom2008a:253)。但是,从地方或地区的层面来说,商业广播坐拥 305 家模拟电台,而 BBC 只有 46 家地方和国家电台。可以想见,地方层面上商业广播实力最为强劲,在 2008 年的地方收听中占据了 75% 的份额:

> 听众拥有越多可以选择的商业广播电台,商业广播的收听份额就可能会越高。在格拉斯哥,听众大约有 13 个电台可以选择,商业电台占据了 63% 的广播收听份额。在伯明翰和伦敦,听众大约分别有 16 和 40 家电台可以选择,商业电台占据了 51% 的收听份额(广播中心 2008:10)。

商业电台的凝聚力也要归功于广播中心,广播中心由 2006 年商业广播公司协会(CRCA)和广播广告局(RAB)合并而成。几乎英国所有的商业广播电台都是广播中心的成员,广播中心是担负着电台利益的游说集团,同国家广告商合作,对本行业进行研究,协调网络节目编排和广播活动(参见第四章"商业电台品牌"部分)。

其实,商业广播的优势在于与地方社区的联系,何况地方新闻的重要性已经得到加强。"2004 年起,新闻报道中地方新闻的比例差不多上升了 5%:如今大约 70% 的新闻报道都有来自电台所处的地方社区新闻。"(广播中心 2008:38)虽然音乐排行榜和成人主流音乐电台仍占据主导地位,但是"随着音乐电台的选择增多,5 年来,专业音乐的收听份额上升了近 7%"(Ofcom 2008a:249)。此外,还有 33 家商业电台以少数民族为目标听众,播放的商业广播占据了少数民族 58% 的收听份额(广播中心 2008:10)。

虽然这些听起来很积极,但 Ofcom 2007 年 11 月指出,"过去三年中,广播占据了两个平行世界"(Ofcom 2007a:1)。第一个是听众的观点,尽管许多各不相同的平台能提供各种不同类型的广播,但"情况几乎没怎么向好的方向发展"

（Ofcom 2007a：1）。第二个是那些收入一直在下降的商业广播经营者的看法：
"数字平台上可供选择的电台数量众多，加上其他媒体也占用了听众的时间，由
此引发的竞争把听众分隔开了。"（Ofcom 2007a：1）这些因素使地方电台，尤其
是小型电台的经营模式不再可行。

　　所有商业广播都由 Ofcom 管理，Ofcom 授予电台广播许可证。在判断授予
的过程中，Ofcom 努力保证任何特定区域内，节目产出的多样性都能满足各种
不同的口味和需求。他们还规定多少比例的节目输出是地方制作的：每张许可
证都为电台提供一种模式，其中包括对业务性质的描述，例如，是语音还是音乐
广播，并为要采用的音乐类型提供了宽泛的定义，还有一些特定的要求，比如
说，电台必须提供多少小时地方制作的节目。根据许可证申请表上的服务承
诺，电台之间各不相同。"通过样本内容检查和为每一家电台维护一份在线公
共文件来保证电台遵守规定。"（Ofcom 2007a：2）

　　确定地方社区拥有与自身相关的节目和保证电台有足够的自由获得经济
发展和成功，Ofcom 努力保持这两者之间的平衡，毫无疑问，Ofcom 已经察觉到
早期 IBA 强加给商业电台的规定阻碍了电台的发展。Ofcom 还认识到模拟电
台的模式要求比数字电台的要详细得多，"而其他平台的电台根本就没有模式
规定"（Ofcom 2007a：3）。因此，2007 年 Ofcom 决定简化模拟电台模式，尽力使
其与数字电台相一致，而且还在电台应制作多少本地材料上给予指导。

　　商业广播老板称面向一个群体的网络节目编排很有意义，正如 96 特伦
特调频的马克·丹尼森解释的那样，"喜欢也好，讨厌也罢，网络节目都在那
里，而且如果能得到合理利用，它能成为任何一家电台的强势业务。对于较
小的电台来说，这是一个省钱的好机会，对较大的电台来说，它能带来一些不
一样的东西。"因此，鲍尔这样的集团在这方面展现了才能，他们从曼彻斯特
关键 103 把类似"富裕与辉煌"的节目广播到了他们大城市广播的所有电台。
网络节目还能让电台花钱请来大牌，像杰里米·凯尔，他的周六晨间音乐和
聊天节目在 42 家 GCap 电台播出，包括首都电台，与广播 2 台乔纳森·罗斯
的节目对打。

反对网络电台的理由是,网络电台广播的内容种类较少,而且会扼杀灵感。全国上上下下这么多电台听上去都差不多,地区特色消失殆尽。少数几个主持人主导节目单,有才能的新秀没有机会进入广播行业。

不用说,商业电台自不愿 Ofcom 对他们应播送多少本地材料强加设定。"他们呼吁自动调节地方特色,在许可证持有人清楚地知道如何服务听众的基础上,关注地方材料的播报,而不是对地方制作节目强加规定。"(Ofcom 2007a:4)但是 Ofcom 认为市场压力会侵蚀地方制作的节目,就像法国和美国发生的情况一样,于是对提议做了修正:

> 修正后的地方特色指导方针规定,FM 电台在工作日的每个日间(其中肯定包含早餐时间),最少要播送 10 小时本地制作的节目,周末日间每天 4 小时。小点的电台应把一部分日间节目时间用来播送亚区域节目。AM 电台每天应至少播放 4 小时地方制作的节目,但工作日每个日间至少有 10 小时(其中包含前面 4 小时本地制作的节目)电台播送的节目是国内制作的。不再要求任何电台制作比目前更多的地方节目或材料(Ofcom 2007a:4)。

虽然商业广播可能会对被要求播送多少地方节目而不满,但是他们也知道自己的优势在于同地方社区的联系,这一点你离伦敦越远就越能体会:BBC 在苏格兰只有一家电台,很难为所有人提供服务,因此当地居民更倾向于认同商业电台,因为他们认为商业电台与他们的相关性更高。按 Ofcom 的说法,苏格兰最受欢迎的广播类型是占据了 43% 的收听份额的地方商业广播(Ofcom 2008a:281)。

衡量听众

人们有时会忘记商业广播的目的是通过把播出时间卖给广告商来获利。如同广播中心听众研究部门主任艾莉森·温特解释的那样,"商业广播每周总共能吸引 3080 万成人(15 岁以上)听众,雇员却不到 10,000 人,每年将近 6 亿镑的广告收入为他们提供了资金"(温特 2008:30)。因此,商业广播需要知道准确的收听数据,这样广告商就能清楚自己要把东西卖给谁,而 BBC 也需要精确的收听数据来衡量电台受欢迎的程度,以及证明执照费的合理性。

因此,1992 年,BBC 和商业广播公司协会(现在的广播中心)成立了一家广播行业研究公司——电台联合受众研究有限公司。这是一家完全由 BBC 和广播中心拥有的独立公司。在此之前,听众数据是由两家独立的服务机构收集:监控 BBC 电台的 BBC 每日调查和商业电台广播听众研究的联合行业委员会。这两家机构的问题在于采用不同方法,而且数据的收集也不是独立进行的,使得人们对数据的精确性产生了怀疑。

可以理解,衡量广播听众是一件很复杂的事情。电台联合受众研究中心(简称 RAJAR)研究了近 340 家独立电台,其中包括 60 家 BBC 电台。此外,人们能从许多平台收听广播:从数字到手机到"再听一次"业务再到播客。衡量听众服务每年花费 700 万镑(普兰克特 2008c)。

RAJAR 根据 130,000 个成人每年完成的一系列日记,每三个月发布收听数据。RAJAR 给成人的定义是 15 岁以上的任何人。他们还研究了大约 5,000 个 4~14 岁的孩子,不过主要的数据还是基于成人的收听情况。

英国的广播分布图相当复杂,因此,为了准确描绘出这些电台的分布情况,他们通过选择一系列的邮编地区来挑选出想要调查的区域。然后,绘制出播放区域地图,这样就产生了 550 个调查框架外的非覆盖区域,称为"分隔区"。之后,调查员采取循环制对每户家庭进行研究,每周只调查一户,这样的话,调查结果是单个样本而不是一个小组。虽然对家庭的选择是随机的,但为了尽量使其具有代表性,每个分隔区的研究对象都得符合该调查区域的人口结构,以保证有足够多来自不同民族背景、年龄段和性别的人。

每个被访者都会收到一本个性化的纸质日记本,其中包括国家电台和该地区能收听到的其他电台。日记本有 150 页——每天写两页——分隔成 15 个时间段,日记持有人每次听完 5 分钟以上的广播之后,就得做个记号并说明自己使用的是哪个平台。他们还要回答一些关于自己的一般性问题——如房子的所有权、家里收音机和电视机的数量、使用的数字平台和其他哪种媒体等等——来建构出日记记录者的形象。据此,电台能详细地勾勒出对广告商更具吸引力的听众形象。所有电台都能免费获知总的收听数据,但是只有部分电台能获取听众形象和一天中哪个时段收听率最高的详细信息。

整个过程很复杂,很费时,而且有明显的漏洞,就像广播学院主任特雷弗·丹指出的那样:

> 一定程度上来说是准确的,但就像其他的意见调查——只是基于记忆的意见调查——一样,肯定会有瑕疵,但关键在于你如何使用。它不能为你提供精确的数据,但你能最大限度地利用 RAJAR 来获得发展趋势信息。我觉得如果你看出一家电台的收听率份额在至少四个季度内上升或下降的情况,就已经是一个蛮有意义的发现。

因为这些批评,RAJAR 开始尝试用一个电子系统来测量收听率。2006年,它开始了阿比创便携式测量仪(PPM)试点。这个实验要求使用者一直把PPM 挂在脖子或是腰上。可是,当发现收集到的数据并非一直准确,而且使用者没有按要求的时长,尤其是在收听率如此重要的早餐时间没有佩戴PPM,这个花了 350 万镑的试验不得不中断了(普兰克特 2008c)。可能有点老套,但就像艾莉森·温特的解释一样:"虽然少数几个国家已经过渡到测量仪为基础的衡量方式,但纸质日记本仍然是全球使用最广泛的方法。"(温特2008:30)

不过,RAJAR 已经意识到因为手机技术和时移电视收听的发展,需要一种新的系统来衡量收听率。2008 年,RAJAR 宣布将开始试验一种在线互动日记,他们认为这种日记不仅能缩减开支,而且能提供一个更大的样本范围(普兰克特 2008c)。

听　众

无论是 BBC 还是商业广播,有一点是显而易见的:不管电台做什么,肯定都是以听众为中心的。所有电台都需要听众,而且广播行业知道,要生存就必须努力把坚持听收音机变成所有人的习惯,让收音机成为他们自觉使用的媒体。

不幸的是,广播收听率总体呈下降趋势。2002 年,英国每周至少收听 5 分钟广播的成人有 91%,到 2007 年这个数字已经下降到不足 90%(Ofcom 2008a:277)。更令人担忧的是,4～24 岁年龄段的人收听广播的时长下降幅度最大:2002 年到 2007 年间,收听率下降了 10.6%(Ofcom 2008a:279)。

对于广播来说,这个听众群是关键,因为如果人年轻时没有听广播的习惯,老了以后也不大可能会去听,也就是说可能永远都不会听广播了。有趣的是,Ofcom 的研究表明 2002 到 2007 年间,广播收听人数唯一上升的年龄层是 55 岁以上的老人,他们的广播收听率上升了 2.3%。"这说明虽然有很多人听广播,但与其他娱乐和信息渠道比如说网络相比,人们花在广播上的时间较少。"(Ofcom 2008a:279)

当然数据能从不同方面去解释,大多数人接受的一个方面是年轻人不像老年人那样喜欢听广播。广播广告局(RAB)发现,广播尤其是商业广播,仍是大部分 15～24 岁年轻人生活中一个重要的部分。他们的研究探讨了所谓的"数字原住民":在一个已经数字化的世界中形成媒体习惯的年轻人和那些对网络和计算机技术应用完全自如的人。研究发现,15～24 岁人群中,每周有 88% 的人听广播,72% 的人称听广播是他们日常生活的一部分(RAB 2007:3)。

对广播来说更振奋人心的消息是,该研究表明,广播的传统优势得到了这个年龄段的重视,71% 的人说广播陪伴着他们,37% 说广播就像是他们的一个朋友,还有 46% 说他们信任这个媒体。"'陪伴我'的高票率可能已经被预料到了,但是信任和'像我的一个朋友'的高票却表明了广播和这些 15～24 岁的年轻人之间存在着一条重要的情感纽带。"(同上:7)南方 FM 的蒂姆・汉弗莱说,听众的信任是广播的恒久魅力之一：

> 人们觉得广播里听到的都是真的。本质上，广播是一个人说话给另一个人听，而且大部分广播收听都是你自己一个人完成的。人们对新闻播音员和主持人产生了感情，信任他们，这就是广播的独特之处。一切都归功于信任。

广播的另一个传统优势在于收音机携带方便。Ofcom 的研究表明，这种可携带性能帮助广播维持收听率，听众在户外或工作时的收听率从 2007 年的 13％上升到 2008 年第 1 季度的 16％。"这一增长可能也归因于人们在活动中或乘车上下班时播客或手机收听率的上升。车内收听率也有了上升，一年内从 3％上涨到 20％"（Ofcom 2008a：289）。BBC 广播 2 台和音乐 6 台的总经理安东尼·贝勒科姆称，利用播客占领市场对广播的生存至关重要：

> 广播的传统优势是可携带性，但因为是直播，内容非常有限。因此，我们利用 iPod 和其他类似设备的目的不是提供不同的广播体验，而是提供更多选择。如果不进入那个市场，那我们就是没有与时俱进，是不会有未来的。

同时也有人认为广播作为辅助媒体——做其他事情的时候能使用的媒体——的角色也是优势之一。正如 RAB 研究显示的那样，"同时使用多种媒体时，年轻人比老年人更自在"（RAB 2007：4），尽管 15～24 岁的年轻人上网的时间在上升，但只有 11％的人听广播的时间变少了（Ofcom 2008a：286）。RAB 还发现，如果年轻人在网上收听广播，他们听的时间一般会更长，每周听 23.7 小时，而听模拟电台时只有 19 小时（RAB 2007：6）。

广播是一个不断发展的媒体，可能也正是这个特质使其能继续生存下去。如今各种平台提供的电台选择越来越多，英国的广播拥有一种能满足任何人的特质,这种特质能在这一事实中反映出来:Ofcom 发现他们 88% 的调查对电台的选择和范围都"非常"或"相当"满意(Ofcom 2008a:289)。

因此,虽然作为最古老的播送媒体,广播仍在不断努力改造自己以适应 21 世纪。下一章将探讨不同类型的广播及其在维持广播作为一个相关媒体中扮演的角色。

第二章　广播革命

　　广播一直都有很强的适应能力。尽管面临其他媒体的挑战,广播仍能以适应改变的能力继续流行。技术决定论者可能会宣称这些改变是技术进步带来的,像立体声广播、晶体管收音机以及利用 FM 和 DAB 来追求更好的音质。但进一步审视这些技术发展,我们能发现大部分技术早在被应用之前就已出现。真正将其投入实际应用的是布莱恩·温斯顿所说的"突发社会必然性"(1995：68),在媒体和其他技术的发展中起到了催化剂的作用。

　　例如,晶体管发明于 1948 年,可直到 20 世纪 60 年代英国变得更加富裕之后,才得到广泛应用。这种新型晶体管让收音机能随身携带。当时,社会的流动性变得更强,年轻一代作为一个完全不同的群体刚刚崭露头角。为了应对这种情况,广播制作了与当时生活方式相应的节目。同样,第一台 FM 发射器于 1955 年在肯特郡开启,但直到 20 世纪 80 年代电台才开始转向这个品质更好的频率,主要因为 IBA(当时的管理机构)坚持终止 AM 和 FM 的同播。本例中的突发社会必然性是需要找到更多能产出高品质音频的波谱,以满足听众的期许：他们已经适应了更加先进的音响设备。就像史蒂芬·巴纳德解释的一样,"在竞争激烈的媒体环境中,广播的生存能力一直取决于广播公司有多大程度利用社会、文化和技术变革"(2000：17)。

　　另一个例子是数字广播的发展。到 20 世纪 90 年代中期,广播行业意识到波谱快要用尽,而电脑正在我们生活中扮演着一个越来越重要的角色。他们需要一个系统来提供发展空间,并赋予他们在不同平台广播的能力,以满足变化的社会生活方式。关于英国选择的广播系统是否是最佳系统还存在争议,但需求某种数字系统,这一点是肯定的。

很明显,广播的适应性不但表现在多样化的广播手段上,还表现在用于实现这么多不同目标的方式上。据本章研究,广播的不同形式使其能以各种方法吸引听众,从大规模的全球听众到封闭社区中的听众全都收入囊中。

数 字 广 播

英国和北爱尔兰现有 170 多家不同品牌的电台使用数字广播。数字广播始于 1995 年,听众逐年递增。到 2008 年年初,差不多有 1/3 的英国成年人——15 岁以上——在数字平台上收听广播(RAJAR 2008a:第 1 季度)。

数字广播的繁荣很大程度上应归功于能接收数字广播的各个平台。广播广告局(RAB)解释道:

> 有时,人们会误以为"数字广播"这个术语仅仅指 DAB 广播(利用数字音频播送的广播)。虽然 DAB 是发展最快的平台,但是弄清楚一点非常重要:数字广播是指通过任何数字平台播送的广播,简单说来,或许将其定义为"多平台"广播更好(RAB 2006a:4)。

此外,DAB 数字广播也能从其他平台获取,包括数字电视、网络和手机。2008 年第 1 季度,用手机收听广播的人数上升到 11.6%,而 2007 年只有 8%(普兰克特 2008d),另外,在线收听人数占 6%,数字电视(DTV)占 11%(RAJAR 2008a:第 1 季度)。广播中心——英国商业广播的代表——的首席执行官安德鲁·哈里森说:"手机和网络提供了一个全新的收听机会。技术保证了人们不仅能在浴室、汽车和厨房里收听广播,也能在户外或移动时收听。"(引自普兰克特 2007a)尽管如此,大部分的数字广播收听仍是通过 DAB 收音机

(18％)实现的,而且虽然 2008 年第 1 季度数字广播平台的利用率有所提高,但是数字广播只占所有广播收听时长的 18％(Ofcom 2008a:285)。

　　数字广播进入广播系统速度缓慢的原因之一是绝大多数电台都能在模拟广播平台上收听。1995 年,BBC 开始用数字广播同播 5 个国家电台,之后才渐渐引入数字电台。当时,收听数字广播的唯一理由是更好的声音质量,不过从后文的讨论可以看出,这一点其实是有争议的。1999 年 11 月,第一个全国商业数字服务——数字 1 号——开始广播,涵盖了三个现有模拟电台(古典调频、维珍电台和畅谈体育)和 5 家数字电台,目的是激起听众对 DAB 的兴趣。虽然原有的一些只限数字电台已经半途而废,但到 2008 年已有 38 家只限数字电台——34 家商业电台和 4 家 BBC 电台。

　　全国范围来看,BBC 除了在 DAB 的国家电台广播之外,还有另外 6 家只限数字电台,其中包括音乐 6 台——面向那些在广播 1 台和 2 台之间徘徊的听众和 BBC 广播 7 台——播送古典喜剧和 BBC 档案中的戏剧。与此同时,商业数字广播有 4 家国家电台——古典调频、畅谈体育、绝对电台和星球摇滚,而且就像原来人们设计时设想的那样,商业电台开始通过提供一系列传统的只限数字电台来运用媒体,包括最受欢迎的只限数字电台——鲍尔旗下的"热力四射"。以青少年流行杂志《红极一时》为基础,虽然这本杂志在 2006 年闭刊,但热力四射作为一家只限数字电台却很火爆;还有"同志雷达",主要以年轻的男同性恋者为目标听众,在 2007 年英国数字音乐颁奖典礼上被提名为最佳电台。

数字音频广播(DAB)是什么?

　　数字音频广播(DAB)是 20 世纪 80 年代由 12 个合伙人组成的财团发展起来的,主要目标是"协调工业高新技术研发(研究与开发),以增强欧洲工业的国际竞争力"(尤里卡,1999;引自鲁丁 2006:165)。DAB 的工作原理是在陆地发射器上使用高频波谱,像英国知名的频带 III,在一个频率块——称作多路传输——上提供数种服务。BBC 和商业电台经营者瓜分了英国的 7 个多路传输系统,每个多路传输系统一般支持 10 项服务。工作原理是把广播信号转化成二进制数字(0和1),通过使用单频网络让同一频率波谱在一个大型服务范围内得到再次利用,从而抵抗干扰。也就是说,有更多的空间留给附加的服务,而且因为所有发射器使用同一频率播送同一数字广播信号,开车时就没有必要重新调到国家电台。有了数字广播,听众无需再记电台频率,因为收音机能根据电台名称来调台,跟电视机换台差不多,而且还能把额外信息发送到收音机的液晶屏幕上。每个多路传输系统经营者可将20%的容量预留给数据服务,例如,最新新闻、旅游和天气、网址,甚至可能还有广告。

到2008年夏季,英国90%的地区都已覆盖了至少一台DAB发射器,大多数地区有两到三台(Ofcom 2008a:270)。BBC有105台数字发射器,商业电台有133台,虽然BBC占据了大部分模拟波谱,但它对无线电波的统治已经结束。问题是,英国仍有10%的地区收不到DAB信号,苏格兰尤其如此,就算有信号,也会有黑点干扰使信号无法接收。

每个多路传输系统都获准覆盖一个明确的地理区域,以尽可能多地为该地居民提供服务。然而,由于地形和其他的地方问题,比如说地理位置、建筑结构,多路传输系统许可区域内经常会有一些地方收不到清楚的DAB信号(Ofcom 2008a:270)。

如今FM频率已经覆盖全英国(最后一批FM许可证已于2007年发放),DAB因为给听众提供了更多的电台选择和CD音质被赞为广播产业的救世主。不过,就像有许多合伙人的大工程经常会发生的情况一样,事实远没有那么乐观,何况从一开始人们对这个系统的使用就存在疑虑。

正如理查德·鲁丁(2006)所言,采纳DAB系统背后的推手是欧洲消费电子行业,他们想要制造DAB收音机售往世界各地。事实上,1993年英国成立DAB论坛来发展这个系统时,"在论坛的12个创始人组织中,只有1/3可以看作是与生产或管理广播服务节目产出相关联的"(鲁丁2006:165)。这意味着,从一开始数字广播提供更大范围电台选择的理念与所谓的技术利益——如更纯正的音质——相比,变成次要的了。实际上,早期的DAB广播被BBC和大型商业广播集团的同播统治,数字广播的唯一卖点只有音质,这一点通常只对于一小部分年纪较大的听众比较有吸引力。像广播互动节目内容制作人安迪·普勒斯顿所说,DAB 没能激起年轻听众的兴趣,"DAB 要吸引年轻人很难,如果这些人只有一定量的可支配收入来购买小设备,他们是不会用来买一台数字收音机的。"

于是就出现了是先有鸡还是先有蛋的问题:广播公司对于在数字广播上投入大笔资金持谨慎态度,当时听众很少,没有获利的可能,所以大多数情况下,他们只是同步直播已有的模拟服务。可也因为这样,新收音机不能提供新内容,导致广播数字化接收过程缓慢,最终推迟了电台向数字电台的转化。为了启动这个过程,广播局(当时的管理机构)为商业广播提供了一项鼓励机制,任何一家商业公司,只要投资数字广播,他们的模拟许可证有效期就能后延,能保证他们 FM 许可证 20 年有效。虽然这项举措鼓励了已有电台——至少是那些有支付能力的大公司——走上数字化道路,但在创建只限数字电台上毫无建树。

接下来是音质问题。讽刺的是,随着更多广播公司走上数字化,带宽被分成更多份,导致音质自然反而下降。这对基于语音的节目来说不成问题,它们不需要这么多的带宽,可是对音乐电台来说却是个问题。如时事评论员博比·约翰逊解释的一样:

拿广播 1 台和 2 台来说,他们现在数字版本的广播码率比开播时要低得多,如今的音质只略微超过音效师(包括 1994 年拟定 BBC 第一份报告的作者)界定的"CD 品质"的 60%。如果你的 FM 波段接收效果很好,提供的音质通常比 DAB 更好(2006)。

可能这就是英国在数字化开展上超越世界其他国家所要付出的代价。据广播专家杰克·斯科菲尔德说,"英国仍在走向全世界最差广播的路上",因为英国"使用效率低下的 MP2 解码器在低码率条件下广播"(2007)。解决这个问题的办法在于切换至一个更高效的解码器,就像其他国家用制作 DAB+时研发的那种,这种解码器还用于苹果公司的 iTunes 线上音乐商店、许多音乐播放器和手机上。虽然能同时接收 DAB 和 DAB+双重标准的系统正在开发中,但问题是已经卖出的 700 万台数字广播收音机无法接收提供 DAB+的 AAC(高级音频编码)形式。制造能接收 DAB+的收音机还有一个好处是能让 Ofcom 拥有另一个数字系统,也即全球数字广播(DRM)。这个系统使用 AM 波谱,能满足人们对使用更便捷的波谱的需求。会发生这种情况似乎是因为人们从来都没有真正讨论过走上数字化的最佳方式。理查德·鲁丁(2006:167-8)曾指出,在数字广播系统要件达成共识之前,大多数广播公司都没有受邀参加讨论,实际的系统是由技术专家和制造商决定的。

广播学院主任特雷弗·丹恩承认错误已经犯下:

> 我们发现自己有点被隔离在英国了——我们是唯一坚持自己所选择的系统的国家。可能是我们太早选择了这项技术,结果却被证明它只是一项冗余技术。我最担心 DAB 的地方是在建多路传输系统所花的大笔资金,在该系统上广播节目所花的费用,还有花在节目制作上的钱——要知道预算只有一项。

DAB 广播成本高昂,收益却甚微,这点一直让广播公司抱怨不已,而且 2008 年数字系统还受到了冲击,那时 GCap——最初曾支持过 DAB 的广播集团——宣布虽然旗下只限数字电台"爵士乐"的收听率有所上升,但是要将其解散,另外还出售备受赞誉的星球摇滚电台,从而把精力集中于 FM 和互联网上。业内人士说,GCap 为在国家商业数字多路传输系统上广播花费了 100 万镑(普兰克特 2008e),而商业电台每年在数字广播上总体投资 2000 万镑(普兰克特 2007b)。

这些投资一部分花在了数字广播发展局(DRDB)的创办上。发展局是由 BBC 和商业广播多路传输系统经营者联合创办的贸易机构,旨在推进英国 DAB 广播数字化进程和吸引更多听众。据网站介绍,他们"直接和广播公司、制造商和零售商合作,鼓励出现更多作品,提升顾客和主干道主流意识,加强对DAB技术的理解和品牌意识的协调"(www.drdb.org.uk)。数字广播收益的许多积极影响都来自于DRDB。总的来说,他们在推广DAB上做得很好,可是很多人,例如地方广播公司总裁理查德·惠特莉还是不确定这个系统是否合适:"我完全相信广播收听会转向数字广播,但现在一切的发展却更像是要过渡到网络广播,而不是DAB。"(引自普兰克特2008e)

2007年11月,来自广播行业和利益相关人的代表组成了数字广播工作小组(DRWG),主要研究怎样推广数字广播和提高渗透率。2008年6月呈递给文化、媒体和体育大臣的临时报告中,该小组提出数字广播的高成本难以维持,还指出了一些影响其发展的障碍,包括覆盖缺口、覆盖区域内信号的稳定性和欧洲一致性的缺失:法国选择使用的DMB－A是韩国开发的系统,主要用于数字电视的传输;而德国在2008年年初宣布退出DAB试验,另选DAB＋(DRWG 2008:3.6)。这些障碍意味着汽车生产商没有按一定的标准安装数字收音机,DRWG认为这一点进一步打击了数字收听。"英国约有20%的广播收听是在汽车内完成的,尽管2007年在英国登记的新车中有30%配备了DAB产品,但收听率还是很低。"(DRWG 2008:3.9)

尽管遇到了这些障碍,DRWG还是认同广播会走上数字化:"随着顾客对互动、品质和选择的期待不断提高,困在模拟世界中的广播面临着与听众,尤其是年轻听众,越来越不相关的风险。"(2008:4.1)。他们还赞同"作为一个特定的广播平台,DAB是目前模拟电台最实用的替代品",因为英国已经有了一个DAB市场,在市场准入上无需花费资金,而且"作为一个特定的广播平台,DAB为广播行业提供了决定自己未来的机会"(2008:4.4)。也就是说,DRWG认同其他平台,包括像法国和德国采用的那些尤里卡147家族的变体,特别是网络:"不只是因为不同技术能满足不同的听众需求,广播行业还应利用各种技术手段带来各种机会。"(2008:4.3)

为了能过渡到数字化,小组建议DAB应成为国家、地区和大型地方电台的主要平台,而FM则用于小型地方电台和社区电台,同时利用IP传输来补足。

当前的 AM 服务应转嫁到 DAB 或 FM 上,这样 AM 中波就能用来做其他事情,并且通过研究来考虑长波服务的前景。另外,为了囊括未来所有的发展,他们建议制造商生产的接收器应能接收到 FM、DAB 和尤里卡 147 家族其他变体(DRWG 2008:4)。

2008 年 12 月,DRWG 出版了数字化的最终报告,总结出引发转化所需的三条标准:

> 总的广播收听中至少有 50％是在数字平台上完成的;到数字化时,国家多路传输系统的覆盖率要能够同 FM 的覆盖率相提并论;本地多路传输系统应至少覆盖 90％的人口和许可范围内的所有主干道,并且是可用的(DRWG 最终报告:2.5)。

这些条件都由 Ofcom 监督实施,Ofcom 会定期向政府汇报,所有条件都满足时,政府应在两年后发表声明,宣布转化日期。他们预计这项声明将于 2015 年发布,而转化将于 2017 年实现。

不过,虽然 DRWG 对广播数字化的必要性持积极态度,但他们也承认在广告收入微薄的时候,这个过程很昂贵,于是他们对如何协助广播行业提出了一些建议:

> 短期内,我们认为政府应考虑提供融资选择,支持降低传输费用。Ofcom 也应考虑取消国家商业多路传输许可证中对营销预算的具体要求。为保证长期稳定,政府应通过新的立法,允许国家多路传输许可证有效期延长至 2030 年。此外,Ofcom 还应考虑把在 DAB 多路传输系统上安装 AIP(管制激励定价,是对波谱持有人征收的年费)推迟到数字化实现之后(DRWG 最终报告:4.7)。

报告还指出本地传输系统很成问题,因为一条传输系统提供的电台经常不够用。他们希望政府通过立法来解决这个问题,这样当本地多路传输系统出现过剩产能时,Ofcom 会批准将其融入到邻近的系统中,从而"创造出一个更大、更合理的结构"(DRWG 最终报告:4.10)。他们还希望新的立法能延长所有在 DAB 广播的模拟服务的许可证期限,包括国家的和地方的(DRWG 最终报告:4.13),同时放宽对电台播送地方制作材料的数量要求:

> 虽然我们认为所有地方服务都在同一个中央位置制作是不合适的,但如此关注内容制于何处的模式可能不是播送未来听众最想听到的内容或为广播行业提供发展空间的最好方式(DRWG 最终报告:4.15)。

正如 DRWG 主席巴里·库克斯所言:

> 我们知道,有时提议的变革会引发争议,甚至可能很难施行,但我们坚信如果广播行业,尤其是商业部分要能得到一个数字化未来,这些争议必不可少(同上:前言)。

提议指出未来的收音机应该能够接收 FM、DAB 和尤里卡 147 家族的其他变体,看起来 DRWG 好像在所有玩家身上都下了注,但事实是因为 DAB 在内容、电台实用性和用来吸引听众的音质几方面做得还不够。而且,虽然有巨额的资金投入和大肆宣传,但就连 BBC 都对 DAB 的长期可行性产生了怀疑,称"只限数字电台——包括 BBC 电台——还没有突破。尽管收听率和听众意识有所上升,但还是很低"(BBC2007—2008 年度报告:15)。

2008 年 10 月,DAB 遭到最大打击,当时,第 4 频道——英国第二大国家商业多路传输系统的主要持有者——宣布将关闭旗下广播部门,不再推出 3 家第 4 频道品牌的下属电台。除了危及又一条国家商业传输系统的未来,这还意味着星球摇滚成为了 2008 年 12 月唯一一家作为只限数字电台进行全国广播的商业电台。其他电台都能在模拟平台上获取,因此人们不愿用 DAB。

2007 年 7 月,在对国家无线电网提供 12 家电台的提议进行激烈的辩论之后,第二条国家多路传输系统被授予数字 4 台。如前所述,数字 4 台的大股东是第 4 频道广播台,而第 4 频道与鲍尔广播、英国天空广播公司、手机仓库集团、UBC 媒体集团、UTV 广播集团结成了同盟。他们计划在这条多路传输系统上设 10 家电台——3 家来自第 4 频道自己的电台:E4 广播——面向 15～29 岁听众群的音乐电台,承诺播送音乐和喜剧新秀;第 4 频道广播台——面向 30～54 岁听众的语音台,关注新闻、时事、喜剧、纪录片和辩论;普尔 4 台——面向 30～49 岁听众的音乐和语音电台,兼有音乐和关于艺术及当代文化的讨论。从一开始,第 4 频道就坚持要通过提供一些不一样的东西来挑战 BBC 的广播统治地位。这项计划触礁之前,第 4 频道"国家和地区"电台理事斯图尔特·克斯格罗夫曾一度认为已经掌握了制胜法宝:

> 多路传输系统策略基于这样一个理念:我们正在寻找混合了不同节目的电台,一些电台可以通过同那些已经有很棒的内容却没有广播途径的人合作来获取。例如,已经获得巨大家族声誉、卓越品牌和令人惊叹的迪士尼。要能够支持它们,同它们合作,用他们的内容来让一家电台成为品牌是一件与众不同的事情——这是一项新服务。在我们自己的内容中,如果你说的只是第 4 频道吸引年轻听众最成功的 E4 台,我们认为面向年轻听众我们能做的还有更多。迄今为止,电台仅为年轻听众们提供音乐,使得他们只能听听音乐。可是,我们从 E4 台获知,实际上年轻听众对其他许多事物也非常感兴趣,像娱乐、喜剧、新闻时事、政治活动以及其他年轻人正经历的所有事物,不只是品牌音乐而已。我认为广播行业前人经常会犯的一个错误是把青少年等同于独立音乐,然后就只播送音乐。他们善于用音乐类型给事物烙上印迹,却不擅长吸引品味更加多元化的听众。

E4 广播的开播时间从 2007 年 7 月推迟到当年晚些时候,之后又推到 2008 年春天,人们开始对第 4 频道广播台产生质疑。业内人士一直对第 4 频道电台取得的成功持怀疑态度，主要是因为现有的国家商业多路传输系统——数字 1 号——能支持 10 个频道，可是到 2009 年年初只有 4 个频道在广播。本书出版之时，第二个国家多路传输系统的未来尚无从知晓，但是拟建中的第 4 频道电台已经分崩离析，英国广播转投新方向的机会也与之一同消失了。

尽管面临诸多批评，但 DAB 毫无疑问会继续生存下去，不过就像广播学院特雷弗·丹恩所说，DAB 不会是数字广播传输的唯一系统：

> 我认为解决这个问题的关键在市场。商业电台老板一辈子都不想被规定约束，却忽然觉得规定能解决这个问题。他们指望政府和 Ofcom 宣布关闭 FM。不过我可不这么看，因为这种情况不可能发生，DAB 现在还不够好，将来也永远不够。市场决定人们是否想要 DAB，可能最后只会出现另一传输系统和其他系统一起共存。

网络广播

如今，英国几乎每家电台都有自己的网站，能提供视频直播和"再听一遍"服务，网络和广播收听之间的联系已经很好地建立起来（见第四章）。通过网络，还能收听到世界各地成千上万家电台，谷歌上提供的大量电台目录能帮你找到想听的电台。

利用网络收听广播的发展如此迅速以至于 RAJAR 在 2007 年 11 月和 2008 年 5 月两次委任研究，试图找出这种做法到底有多普遍。调查发现，1/4 以上的英国成年人（15 岁或 15 岁以上）在线听过广播——相当于有 1450 万人——这个数字比 6 个月前上涨了 21%。这些人中，2/3（18.8%）的人每周至少听一次，5% 的人每天或大多数日子都听。6 个月内收听率上升了 16%，等同于 250 万人（RAJAR 2008b：4）。

目前英国 57% 的家庭设有宽带（Ofcom 2008a：238），因此大多数广播收听是在家里通过互联网完成的也就不足为怪了，不过还有大约 1/4 的人是上班时收听的（Ofcom 2008a：5）。就像史蒂芬·蕙兰解释的那样，广播为这些活动做了补充：

大部分网络搜索是独自搜寻,而当你边查看留言板内容,边听广播能帮你营造一种与一个较大团体相连的感觉。对于正在工作的听众来说,他们似乎普遍认为执行其他任务时,听广播能提供轻松感,否则这些任务会被看成是苦差事(蕙兰 2007:7)。

当然,传统广播一直都能提供紧密的关联感和从乏味工作中解脱的感觉,但是在线收听能让人们选择自己想听的内容:将近 1/4(24.7%)听众都是在节目播完之后才收听,还有 39%的人同时使用实时收听和再听一遍服务(RAJAR 2008b:5)。令人诧异的是,调查显示,大部分(77.2%)人称使用再听一遍服务不会影响他们收听直播广播,13.2%的人觉得因为事先在再听一遍服务里听到节目,之后他们听直播广播的时间更多了(RAJAR 2008b:5)。

2002 年,BBC 发布的广播播放器提高了在线收听能力。从那时起,使用 BBC 再听一遍和实时收听服务的人数稳步上涨,尤其是广播 1 台的年轻听众:

> 2007 年第 4 季度,广播 1 台网站上实时内容收听时长达 460 万小时,比 2006 年增加了 31%。此外,网站以再听一遍节目或播客形式按需提供的内容收听时长达 160 万小时(Ofcom 2008a:287)。

不过,网络广播指的不仅仅是已经能在 FM 或 DAB 上收听到的电台。除了能听到本地区之外英国和爱尔兰的其他电台,网络还能让你通过搜索"www.recive.com"这样的目录网站收听到世界各地成千上万家电台。这些电台大部分都有一个有趣的地方——与传统电台完全不同。例如厨房姐妹的天涯海角(www.kitchensisters.org),与美国国家公共广播合作,汇集了大众经常送的老唱片,其中一张是越南战争中一位 19 岁的士兵送的。该网站还有一张公众制作用来纪念世界贸易中心的语音光盘:

> 声音纪念栏目开通了一条电话热线,让听众打电话进来讲述自己的故

事或者播放音频制品。数百人打电话进来,他们的声音和信息创造出一份个人录音和回忆的杰出档案。通过这份材料和数百小时的采访及制作人从全国各地收集到的档案记录,特别声音纪念才得以制成("失而复得的声音"节目)。

其他网站的特色是打造世界"最好"的语音广播(www. speechification. com)或更具实验性的音频(www. soundtransit. com)。比如说"声音传输",在这个网站你能经历从一处到另一处的音频之旅,例如,途中能听到孩子们在尼斯街道玩耍的声音,然后传来巴黎教堂的钟声,最后听到伦敦某户人家的冰箱门打开的声音。可能这不是你每周 7 天、每天 24 小时都会听的那种电台,但却有一种奇怪的吸引力。

传统广播的另一个转折点是个人在线广播(POR)。这项线上服务把社交网络和追踪收听习惯并提供其他类似音乐的音乐推荐系统结合起来。英国最有名的个人在线广播是"最后的调频"——这样命名是因为公司老总说这会是你需要的最后一家电台。杰迈玛·科斯解释道:

> 理念相当简单:用户能利用熟悉的博客和"找朋友"网附属功能在社交网站上创建个人资料,不过高明之处在于使用者接着就能用电脑追踪出所听内容,从而开始建构出属于自己的音乐品味档案,包括 iTunes 和"最后的调频"自带的媒体播放器。然后,"最后的调频"会根据 2000 万使用者的收听习惯推荐类似的音乐……点击最喜爱的乐队,接下来网站会以惊人的速度编辑好一大批精确的建议(科斯 2007)。

假设商业广播以成为听众的向导、新音乐的发掘地和利用软件提供建议的服务为傲,那么对于"普通"人可能是一项挑战。不过,POR 已经得到大企业的重视。仅仅经营了四年,总部设在伦敦的"最后的调频"就在 2007 年 5 月被 CBS 以 1.41 亿万镑的价格收购了。

医院广播

广播天平的另一端是医院广播。医院广播完全是由志愿者管理，历史与广播本身一样悠久。目前共有231家医院广播电台为近400家医院提供服务，每周播送11,760小时的广播。这些电台主要使用一个闭路系统接通床旁耳机在医院内部广播，不过也有一些是由低功率AM和FM发射器传送的。

英国第一家医院广播于1926年在约克郡医院创建，主要是通过主任医师托马斯·汉斯托克的努力才得以实现。托马斯希望能为病人们广播足球评论、教堂礼拜和音乐唱片。从那之后，其他医院也开始创建自己的电台。直到20世纪70年代，一度出现700家广播服务机构，"每家医院，无论规模大小，几乎都有属于自己的广播服务"（医院广播协会2009）。1970年，国家医院广播组织协会成立，旨在集合所有电台并为在业内推行一条好的标准提供帮助。该协会于1992年更名为医院广播协会（HBA）——一家推广和支持医院广播的国家慈善机构，通过协会网站可以收听到英国任何一家医院的广播，而且它还为管理这项服务的4373名志愿者提供培训和支持。

随着技术的进步和经营一家电台的成本开始缩小，医院电台变得更加专业，一家电台经常能为一个地区的多家医院提供服务。每家电台都必须筹集资金来支付服务费，不过部分资金能从国家彩票获取。另外，如今许多医院广播演播室的标准同BBC或ILR相当。这意味着，志愿者通过播送广播获得了无价的经验，而且还学会了怎样锁定特殊的目标听众——这是所有电台主持人都需要的技巧。事实上，现在许多广播人士在去专业电台之前会先到医院电台工作一段时间，而且电台经理在寻找新的主持人时仍会把医院电台当成潜在人才库。尽管如此，这些电台的焦点仍是那些24小时听他们广播的病人。正如HBA所说：

不管医院安装的病人娱乐系统有多高科技，还是会有需要访客和广播员关注的地方。像过去和现在一样，将来最成功的电台仍会是那些一直牢记自己的目标和承诺能为病人带去娱乐和鼓励的电台（医院广播协会2009）。

海盗电台

海盗电台——无执照的非法广播——20 世纪 60 年代在英国达到鼎盛。它们是除英国唯一一家合法广播公司——BBC——之外的另一种选择。那时候，将其命名为"海盗"是因为它们是从船上或废弃的海堡上广播的，人们认为它们承担了刻板的 BBC 的工作并且为听众提供了非传统的广播模式。时至今日尽管数量和合法获取的广播类型都发生了很大的变化，可非法广播还在继续。Ofcom 估计，不管在什么时候，英国都有大约 150 家非法电台，半数在伦敦地区广播（Ofcom 2007b）。非法电台给现有的合法电台带来了问题，会干扰应急服务和空中交通管制，争夺小型合法电台的广告收入，尤其使社区电台的生存濒危。更让人担心的是，Ofcom 的研究表明，非法广播和严重罪行——包括暴力、毒品和盗窃——之间有时候存在直接联系（Ofcom 2007b：8）。本节将探讨非法广播的历史，讨论背后的原因并寻找能用来与之抗争的措施。

海盗电台：简史

英国第一家海盗电台是卡罗琳电台，1964 年 3 月起从埃塞克斯海岸的一条船上广播。到 1968 年，有 21 家海盗电台播送广播，估计每天听众总数在 1000 万到 1500 万之间（辛格勒 & 维尔瑞嘉 1998：24）。

受卢森堡电台和美国电台模式的影响，第一波海盗广播公司开始厚颜无耻地制作商业节目。大多数电台仿效音乐排行榜前 40 名的模式，佐以 DJ 轻松的闲聊，这样在内容和形式上与当时的 BBC 广播形成了对立。人们普遍认为1967 年 BBC 广播重组，新建广播 1、2、3、4 台是对海盗电台大受欢迎的回应，而且安德鲁·克里塞尔认为这一举措同时也刺激了地方电台的创建：

首先从某种意义上说，它们本身是"地方的"。这些电台的广播范围不会超过伦敦周围诸郡，大多宣传地方事件，唤起人们对本地的忠诚。少数几个，像伦敦台和埃塞克斯台还以当地名字命名。其次，虽然没有为真正的社会大众提供广播,但它们打破了 BBC 一直以来对广播的垄断,满足了被 BBC 忽略的需求,从这个意义上来说,它们承担起了"公众"的声音。

技术层面看,海盗电台不是非法的,因为是从国际水域广播的,不过这个漏洞在 1967 年被《海上广播(罪行)法令》填补了,《法令》正式将其定为犯罪。这样,随着流行音乐电台——广播 1 号(电台 DJ 多数来自海盗电台)的创建,大部分近海电台最终都倒闭了。

第二波非法广播公司出现于 20 世纪 70 年代末期到 80 年代。这次,电台设在陆上,想在市区经营。正如辛格勒和维尔瑞嘉指出的那样,"20 世纪 80 年代,陆上海盗电台的发展如此巨大以至于在某个阶段,还出现了非法电台数超过合法广播公司的情况"(1998:25)。审视当时这些非法广播的电台,可以明确的是它们涌现出来的原因和第一波类似:一些电台,比如说什罗普郡的阳光广播和伦敦西南部的杰克广播,是基层的社区电台,提供那些相对时新的地方电台满足不了的服务。其他电台,像伦敦电台科斯(舞曲)、太阳(灵乐)和爱丽丝的餐厅(摇滚),关注这些被主流广播忽略的音乐类型,主流广播电台认为这些类型太古板,难以吸引大批听众。

非法广播公司的行为又一次迫使合法广播发生变革,这次的形式是 1990 年《广播法》。《广播法》设定目的是鼓励广播的多样性,开启了商业广播的发展。这之前,除了伦敦地区有一家语音电台和一家音乐电台之外,每个许可区域内只有一种商业广播服务。当时,法令似乎预示着广播业发生的剧变,许多非法广播公司,比如说伦敦的科斯、布里斯托尔的 FTP 和斯托克波特的 KFM,都成功申请了许可证,成为了合法公司。但尽管 1990 年法令在广播开放上做了很大努力,助其摆脱了那些会妨碍吸引特定目标听众的规定,可商业谋利需求使全部电台都瞄准了广告商最想获取的听众,不可避免地采取了非常相似的模式。同样重要的是,许多人认为法令实际上给面向社区的电台和小规模广播经营者带来了危害,因此,虽然电台数量变多了,多样性却变少了。于是到 20世纪 90 年代末,非法电台再一次繁荣起来。

2000 年以来的非法广播

2000 年以来,广播行业经历了很多变化,可以说,如今英国的合法广播能迎合大多数听众的喜好。社区广播一片繁荣,现已成功成为服务特定的局部地区和社区利益的广播第三极(见第三章)。数字广播和网络广播有机会为一些非主流的口味提供广播。不过尽管如此,Ofcom 估测英国无论何时都有近 150 家非法广播公司,半数总部设在伦敦,因此,对这种类型的广播似乎还存在需求。

在对非法广播的调查中,Ofcom 发现目前一家广播电台的启动成本比以前要低:一间演播室大概花上 2000 英镑就能得到很好的配置,另外,发射器上大约开销 350 英镑,这与一家非法电台能获取的利润数额相比算不上什么。Ofcom 在研究中说,"人们普遍误以为非法广播电台背后的经营者只是音乐和(或)广播的狂热爱好者;事实上,许多非法电台营业数额是巨大的"(Ofcom 2007b:5)。大部分收入来自出售播送广告的时长,尤其是为夜总会的活动广告:"每周,一家大型非法广播电台能以这种方式赚取 5000 多镑现款。"(Ofcom 2007b:5)收入的另一个来源是电台向希望得到公众曝光率和经验的 DJ 收取广播费,每小时多达 20 镑。

如果没有听众,电台就无法生存,2006 年 6 月开展的研究表明,所有伦敦人中,16% 的人收听非法广播(Ofcom 2007c:3),但是在哈克尼、哈林盖和朗伯斯行政区,这个比率上升到 24%——几乎占 1/4 的人口,而黑人民族群体中收听率达到了 41%(Ofcom 2007d:1)。"非法广播听众一致(62%)认为非法广播电台提供了一些不同于合法商业电台的东西。"(Ofcom 2007d:7)收听这些电台的主要理由是它们播放的音乐类型与众不同、有他们支持的 DJ,并且能提供别处无法获取的关于当地夜总会活动的信息。有些听众(21%)还会调到非法电台收听相关宗教节目,可能是因为这些节目不是用英语播送的(24%)(Ofcom 2007d:10)。

Ofcom 的研究说明,哈克尼、哈林盖和朗伯斯行政区非法广播和收听的关键驱动因素是该社区的都市音乐场景、基层参与和认知需求没有得到主流媒体满足的社区。"获得许可的广播公司认识到自己不能充分满足听众,尤其是这三个利益集团听众的需求,才把听众推向了非法广播市场。"(Ofcom 2007d:13)特别要指出的是,海盗电台听众认为这些电台播放的音乐更时髦、更新颖,而且DJ 比合法电台那些"中产阶级白人"主持人更在行。他们还觉得海盗电台能更好互动和回应听众的意见。"人们普遍认为非法广播是'为了音乐'或'为了社区',而获得许可的商业电台则被看作是'公司的'和'以金钱为中心的'"(Ofcom 2007d:19)。此外,Ofcom 还发现许多人认为非法广播是家境不好的年轻人进入广播行业的唯一方式。"从事非法广播的人好像普遍认为现有的广播执照申请程序不公平,歧视那些来自贫困和受教育程度较低的背景的人"(Ofcom 2007d:22)。尽管事实上根据 1990 年《广播法》,任何人只要犯了非法广播罪,5年内禁止为合法电台工作。

过去,反对海盗广播电台的理由主要是围绕表演者音乐版权费的损失,干扰应急服务和空中交通管制引发的危险。这些问题仍然存在,但是因为现在波谱已满,非法电台的影响更加显著。例如,2005 年 7 月,非法发射器严重干扰地对空通信系统,导致伦敦城市机场差点关闭。这还只是 Ofcom 当年处理的 41个"生命安全"案子之一。

非法广播还会给小型合法电台的生存带来威胁,尤其会危害到以比商业广播低得多的功率传输的社区广播电台。非法电台的强力发射器能完全掩盖小型电台的信号,还能与社区电台竞争地方广告,而且因为日常开支成本低廉,它们的广告收费通常低于合法电台。

就连大型商业电台和 BBC 都会受到非法电台的影响,因为两者电台是在相同或是邻近的频率广播,所以会产生干扰。"英国 30% 的听众称饱受干扰之苦,这些人中 14% 的人认为这是非法广播电台造成的。在伦敦,这两个数据分别上升到 40% 和 27%。"干扰发生时,41% 的听众换到其他电台,而 23% 的听众则会直接关掉收音机(Ofcom 2007b:8)。

更让人担心的是,Ofcom 称非法广播和严重罪行之间有直接联系。"突击检查非法广播公司演播室的时候发现了武器,包括枪支。还有敌对非法广播电台成员犯下暴力罪行的报道,其中包括严重伤人案和枪击案。"(Ofcom 2007f:4)突击检查还发现这些电台与毒品有关,"有证据表明,非法广播公司将编码信息卖给毒贩和吸毒者,通过播放一首特定歌曲来暗示毒品已经备好可来取货的信息"(Ofcom 2007f:4)。

正因如此,Ofcom 派了 70 位工作人员去调查非法广播。2006 年他们开展了 1000 多次独立行动,其中包括扣押发射器和突击检查演播室,定下 63 项犯罪。因为面临着经营者们潜在的暴力行为,大多数情况下,这些工作人员会与当地警察部队合作。不过就算没有暴力行为,工作人员也经常会因为非法电台试图逃避侦查的方式而陷入险境。相关案例包括把反射器安到"通风管下面或是屋顶上的烟囱里面,然后使用剪刀式的汽车千斤顶使工作人员无法接近发射器",另外"还在屋顶通道门上附 240 伏'通电'的电缆线,意图让工作人员晕倒或受伤"(Ofcom 2007b:10)。

根据 2006 年颁布的《无线电法案》规定,对非法广播罪犯的最重惩罚除没收设备之外,还有数额不限的罚款和(或)两年监禁。不过 Ofcom 的研究表明,人们不认为这些惩罚具有强有力的威慑效果(Ofcom 2007d:23)。而且,对非法广播的需求不大可能会消失,因为听众把非法广播当做城市音乐之"家",当做他们进入广播行业的方式,代表着要求不能得到满足的少数民族的声音(Ofcom 2007d:21)。因此,Ofcom 试图就怎样处理无照广播进行磋商,努力寻找解决方法。"特别要说的是,我们的工作会考虑可能的波谱和许可证申请选择"(Ofcom 2007b:15),这或许意味着非法广播的积极面会影响合法广播行业未来的结构。

有限服务许可证

有限服务许可证(RSLs)是 Ofcom 发给非商业广播的临时性许可证,有三种形式:短期 RSLs,长期 RSLs 和音频分配系统 RSLs(ADS—RSLs)。最受欢迎的一种短期 RSLs 是基于低功率为有限地理范围广播,通常是覆盖一个县城或城市里方圆 3 公里的区域。这些许可证大部分有效期最多只有 28 天,而伦敦之外的地区,只要两个广播的时间间隔有四个月,一年内能申请两张 RSLs。

短期 RSLs 的使用有各种理由,但大部分短期许可证都是在社区电台申请全职许可证之前发给它们,让它们尝试经营,另外,排名第二的是发给教育机构的许可证书。"有时,一些许可证继续被高校'新鲜人'和 RAG 活动所用,大部分要么是用于学校,要么是大学广播项目,或是学校放假时,青年组织通常为年轻人提供的广播培训。"(Ofcom 2008b:5)2007 年,这两类占了近 50% 的许可证授予(Ofcom 2008b:5)。

RSLs 在宗教广播中也很受欢迎,而且全国许多城市在斋月时都有定期广播。其他申请短期 RSLs 的理由除"怪异事件,比如说,2005 年以来每年都会播报的剪草机大赛"(Ofcom 2008b:6)之外,还有温布尔登网球公开赛这样的体育赛事,另外还有爱丁堡边缘艺术家和贝尔法斯特电影节这样的节日。

长期 RSLs 的有效期长达 5 年,通常只在 AM 上广播。这些许可证通常在定义明确的站点内操作,例如,大学、医院、监狱或军营,不过,设德兰群岛还有一家游客信息服务电台,发射器位于该岛六个不同站点,为每个站点提供游客信息。到 2007 年年底,共发了 96 张长期许可证。

2007 年,Ofcom 在试验之后引进了新型 ADS－RSLs。这些 5 年制的许可证在一个站点内提供服务,例如体育馆或是会议中心,在 AM 和 FM 之外的波谱上广播。目前这种许可证只发了两张,一张给了阿森纳足球俱乐部的酋长球场,另一张发给伦敦的 2 号竞技场。

1990 年《广播法》的规定使授予 RSLs 成为可能,这些许可证旨在为那些在广播时间通常听不到的群体提供一种准入方式,尤其是社区广播电台。但自从社区电台有了自己的许可证之后,人们也有能力在网络上广播,这些许可证的普及度正在缩小:2006 年发了 475 张许可证,相比之下,2007 年只发了 432 张(Ofcom 2008a:274)。

这种现象的原因之一可能是 RSLs 太贵了。每次申请成本费用为 400 镑,如果申请遭拒,除非拒绝申请的理由是没有可用的频率,否则这笔费用一般不会退还。此外,每天还要为许可证交税,包括测试和没有广播的任何时间。根据是 AM 还是 FM 频率和信号强度,这种税的收费标准各不相同,必须在许可证下发之前付清。

一般来说,RSLs 的授予依据先到先得原则,只是在提议的服务广播之前,申请上交必须至少已有 6 周,提前考虑不得超过 1 年。一般情况下,任何一个地区同一时间只许发一张 RSLs,而且一项服务的结束和另一项服务开始前必须有时间间隔。

根据 1990《广播法》(2003 年《通信法》对其做了修订),不得将许可证授予某个团体和个人。不符资格的包括地方当局、BBC、威尔士政局、广告机构以及任何一个在之前 5 年内犯过无照广播罪行之人(Ofcom 2008c:3.8)。

但正如本章所述,收音机不只是起居室角落里放着的一个盒子而已,而且人人广播越来越成为可能。下面的章节中我们将研究非专业广播公司使用的两种传播声音的方式:社区广播和播客。

第三章　你的广播

当今时代，技术创新让人与人之间的交流变得比以往任何时候都要便捷，人们很容易忘记广播的魔力及其对社会的影响。20 世纪 20 年代，早期广播出现之前，人们体验一件事件——例如首相的演说或一场音乐会——唯一方式是亲临现场，考虑到当时有限的交通，这可不是一个容易的选择。后来，广播出现了，把世界的声音带进了全国千家万户。到 20 世纪 30 年代，人们已经无需亲临现场，就能分享到一场足球比赛进行时的激动心情。政治演说发表时，人们能在遍布全国各地的自家客厅里收听。足不出户也能体验到全国各地的口音。多亏了角落里的那台收音机，我们才有可能体验到附近社区之外的生活。

然而矛盾的是，随着交流变得便捷，真正地方层面的生活却在广播电台的相互竞争中迷失了：为了更好的收听率，电台经理以放弃传统的社区新闻为代价，选择可能最具吸引力的节目。地方广播把频道开放给更广泛的声音，而热线电话节目这样的创新则意味着人们偶尔能听到"普通人"的声音。此外，广播还是掌握在专业人士手中，少数民主的声音经常被忽略，广播 2 台和音乐 6 台的总编安东尼·贝勒科姆解释说：

> 从历史角度看，广播是一个线性运动：播音员坐在世界的中心，炫耀自己的本事，而听众的工作就是无条件地倾听。这是一个单向运动。70 年

代，热线广播节目出现了……从此，广播从单向运动变成了双向运动，听众能真正反驳和回应你说的话。这是第二代广播，有优点也有缺点。我认为我们现在已经进入了第三代广播。

第三代广播让每个人都能更方便地收听广播，并且恢复了这个媒体的魔力。全国有近 200 家社区广播电台，频道开放给了之前一直沉默的人群，从偏远的农村社区到青少年罪犯都在努力使自己的生活重回正轨。安东尼·埃弗利特教授负责一项对英国社区广播的独立调查，指出"基于社区的广播由当地居民制作，播放的是他们自己的节目，有望在未来多年里成为英国最重要的新文化发展点"（福格等 2005:10）。

更具革命性的是，如今的技术能让任何一个有电脑和麦克风的人以播客的形式制作自己的广播，将其上传至网络之后，每个人都能收听。广播的大门已经开启，现在你既能作为社区电台的一部分，又能舒服地在自家厨房用笔记本电脑制作自己的广播。

本章研究"你的广播"——非传统播音员的广播，以前这些人只能倾听，没有机会让任何听众听到他们的声音——将首先探讨英国社区广播的发展。虽然曾被看成是与世隔绝的广播，但在 21 世纪，社区广播变得生机勃勃，振奋人心，帮助为英国那些与世隔绝的群体赋予身份，并且发掘"普通人"制作广播的技巧和天赋。《社区广播工具箱》的作者们提醒准播音员们，说社区广播有"能力改变你的人生"，而且他们仍然觉得这是值得的：

> 我们觉得你从事广播行业应该是为了表现自我、充实自我、武装自我、奉献自我、为了记忆、为了兴趣、为了当你向别人解释时他们说"哇！"时脸上的表情、为了你能自力更生的兴奋、为了青涩、为了即时性、为了热情。
> （福格等 2005:10）

任何一个社区广播业内人士都会认同上述引言传达的感情，毫无疑问，本节提到的社区广播电台塞壬调频的总编安德鲁·戴维对此也表示完全同意。

说完社区广播之后,是对广播家族新生儿——播客——的探讨。传统主义者可能会争辩说播客不是"真正"的广播,可是在这个多平台并存的年代,为广播找一个确切的定义越来越难了。而且正因为播客有如此多放射性特质,人们,比如说广播学院主任特雷弗·丹恩,认为它只是广播的另一个传输系统,这个系统可能会对吸引新用户很有帮助:

> 我觉得广播是健康的,但我们需要做的是思考怎样使广播吸引新的听众——尤其是年轻一代。为此,我们要让每个地方都能听到广播,创造一些有趣的新模式,并且专注于内容而非传输形式。

> 正如本章所述,社区广播和播客应对挑战的方法都是为广播的忠实爱好者,甚至可能是那些直到现在仍觉得广播不是为自己服务的人,制作创新、有趣的音频。

社区广播:背景

20 世纪 80 年代,社区广播开始努力成为继 BBC 和商业广播之后的广播"第三极",终于,2004 年的《社区广播守则》将其推上顶峰。《守则》允许 Ofcom 赋予社区广播电台 5 年的许可期,为电台带来了长期的稳定和规划未来的机会,这种方式他们以前从未得到过。

那么,社区广播是什么呢? 本质上说,它是一个由地方团体拥有和经营的广播电台,旨在维护所属社区的利益。社区广播的职员是志愿者——尽管可能会有一些有薪职位——在非盈利的基础上经营,也就是说,电台获取的任何利润都会重新投回业务中。但是,社区广播并不只是广播而已。正如后文的详细说明,大部分电台都有社会目标,包括为代表性不足的群体提供进入广播的途径,为志愿者提供培训和教育,帮助听众认同所属的社区并且感觉自己是其中的一份子,而不是觉得被孤立和排斥。

人们普遍认为英国社区广播的发展远远落后于其他国家。例如,澳大利亚1972 年开始为社区电台发放许可证,法国有专门的社区电台许可证类型,能保护它们不被盈利组织接管,另外,还有一项基于向商业广播公司的广告收入征税的专项基金,用以提供收益支持社区电台。英国社区电台的缓慢发展与本国广播的发展方式,尤其是 BBC 的地位相关联。1972 年以前,BBC 一直是英国唯一合法的广播源。1967 年,BBC 开始创办基于社区特色的地方广播电台。这些电台为服务的社区提供了一个表达声音的机会,让地方团体进入广播,否则他们的声音不会有人听到。1972 年的《广播法》进一步拓宽了地方广播的范围,让商业广播得以创建。虽然起步艰难,但是到 1980 年,英国已有近 30 家独立的地方广播电台。一开始,这些新生独立电台中许多都是社区电台,可因为没有财政支持,也没有法律保护它们不被商业集团接管,大多数电台发现自己不得不在倒闭和被收购之间做出选择。与此同时,独立的电台开始影响 BBC 地方听众收听率,而且"认识到商业广播电台的竞争力之后,BBC 开始调整自己的地方节目政策使其与新生的独立电台一致,从而有效巩固与社区发展之间的联系"(《展望未来》2006:2)。

这就意味着到 20 世纪 80 年代,英国的广播日益成为专业广播公司的储备库,旨在最大限度增加听众人数,却经常将播送区域范围内的少数民族群体排除在外。自然而然,就导致了无照或"海盗"广播电台数量的增加,城市地区尤其如此。虽然这些电台中有许多是音乐电台,但播放的却是与现有电台截然不同"非主流"音乐,通过迎合少数民族团体或让利益团体相互联系。另外,一些电台还有着更广泛的社会和政治目的。1977 年,一个庞大的集团——社区通信集团(ComCom)成立,以为社区电台游说为宗旨。1983 年,社区广播协会成立,旨在为英国社区广播建构一个法律框架。

人们对社区广播的兴趣日益浓厚,最终促使政府同意开展一项社区广播实验。1984 年,政府宣布内政部将为 21 个指定地区发放社区广播许可证,此举引发的反响势不可挡,全国各地送来 271 张申请表——单伦敦地区就有 64 张。然而,面临着挑选和监管这些电台的困境,以及商业广播公司和保守党后座议员的强力游说,为了支持就地方广播的未来和短期特殊活动许可证的安排进一步磋商,这个实验遭到了废弃。

1990年《广播法》让特殊活动许可证成为现实。除了引入更强的权力来遏制海盗广播,法令还允许将有限服务许可证(RSLs)授予短期活动和指定机构,如医院、教育机构和军事基地的低功率广播。RSLs的有效期通常为28天,伦敦地区的集团申请该证的次数一年只限一次或两次。事实证明,RSLs不仅在社区广播集团中大受欢迎,而且因为不同地区都能获取RSLs,这使其在节日、活动广播,以及申请FM许可证集团的广播试点中都很流行。到20世纪90年代末期,2000多张RSLs被授予。

不过,虽然RSLs赋予了社区电台集团合法广播的机会,但并没有提供任何保证或实现任何长期社会目标的许可。社区广播协会(现称作社区媒体协会或社媒会)认为广播新的"第三极"——社区广播要生存,就必须不同于商业广播或BBC。后来的许可机构——广播局说服政府同意为15家试点社区服务机构发放许可证,一开始期限是一年,不过后来延长了。

这项叫做"广播准入"的实验从某些方面阐明了社区广播业内和业外人士持有的不同观点。"广播准入"这个术语一开始得到采纳是因为人们认为如果没有为电台所在的社区提供一项服务,现有的广播服务机构会觉得不安。换句话说,地方广播希望得到社区的认同,而不是被当成草根电台。但是,社区广播业内人士一直对"准入"这个术语不满,"因为它最多只描述了社区电台50%的职权范围——为进入广播提供途径"(福格等2005:12)。此外,一份对比6个国家社区广播法律和监管框架的报告——厄瑞尔·普莱斯·戴维斯和乔·塔琪的《全球背景下的社区广播》——认为"广播准入"这个术语使英国与国际广播机构步调不一,而且英国现有的广播服务与国际上认可的社区广播定义不相符合:

> 商业电台的经营目的是盈利,这点上说,商业电台对股东有基本责任;BBC靠执照费提供资金,根据明确的公共服务指南经营,这与社区广播的

特质完全不同。研究还证明在"地方性"和"社区"之间画等号是一个错误
(2001：62)。

结果，"广播准入"这个术语被放弃，转而采用大家更熟悉的"社区广播"，其实，无论使用哪个名字，相信都会取得巨大的成功。广播局委任安东尼·埃弗利特教授对试点计划开展了一项独立评估，他在 2003 年 3 月出版的报告《新声音》中推荐了 BBC 和商业广播之外的英国广播第三极。

因此，经历了 20 年的游说、克服障碍和消除异议之后，2003 年《通信法》的颁布让社区广播成为可能。2004 年《社区广播守则》对其作了明确规定，从以下方面定义了社区广播：

1.社区广播服务的特点之一是以提供地方服务为主：

(1)为了公众，或特定社区的利益；

(2)为了传播社会利益，而不是以提供服务的个人的商业目的或财政或其他物质利益为主。

2.每项社区广播服务的特点之一是主要为一个或多个社区(无论是否同时服务其他公众成员)提供服务。

3.每项社区广播服务的特点之一是业内人士：

(1)从业目的不是为了经济利益；

(2)应完全是为了保证或促进广播电台将来能提供的节目，或是为了把社会利益传达给社区广播旨在服务的公众或社区成员，才会使用社区广播带来的任何利益。

4.每项社区广播服务的特点之一是旨在服务的社区成员能得到参与经营和管理广播的机会。

5.每项社区广播服务的特点之一是就广播供给的内容而言，提供这项服务的人员自身应对广播服务的社区负责(英国社区广播历史；社媒会)。

《社区广播守则》用许多正式的定义让社区广播听上去相当枯燥，却又很有意义。不过，实际上社区广播电台是由精力充沛、才华横溢之人经营的活力枢纽。广义上来说，社区电台既能被归类为地方团体，因为无论年龄、种族信仰或身份，播送区域内的每一个人都能从社区电台得到满足，又能被归类为利益团体，主要面向一个地理区域内某个特定团体，例如宗教团体、文化群体和特定年龄群体。所有社区电台的共同点在于为通常情况下声音可能不会被听到的人们提供进入广播的途径，还以培训、鼓励语言多样化的方式为社区提供社会利益，为社区的弱势成员提供支持，甚至在地方层面上给经济带来某些影响。

英国最大的社区广播集团是曼彻斯特的雷根广播。这是一家注册的社区发展慈善机构，成立于1999年，以"与社区合作，助其使用社区广播来应对不利情况"为使命（福格等2005:19）。雷根广播的第一步是和曼彻斯特艺术与技术学院合作，委任他们开设一门广播培训课程——业务和技术课程（BTEC），这样学院的毕业生以后就能用RSLs成立或帮忙经营临时性广播电台。雷根广播还在2004年组织了第一届社区调频会议，把全国各地社区广播播音员聚在一起互相分享经验和技巧。如今这个会议已成为一项年度盛事。雷根广播最终的目标是建立一个社区广播发展国家中心。在这个过程中，雷根广播出版了宝贵的《社区广播工具包》，开放了一个链接网站，提供大量信息帮助人们开办社区电台，同时为已有广播电台提供建议。

雷根广播坚信社区广播"90％是社区，10％是广播"（福格等2005:17），并且承认这种说法有时会引发广播准入的允许和电台对社区的影响之间的冲突。但是，作为允许社区广播获得许可证立法的一部分，为了得到许可证，电台必须证明自己正提供社会利益：

> 不论好坏，强调社会利益而非准入的英国社区广播框架如今已经建立起来。这可能会给电台带来一项义务，要它们自己记住准入的重要性。任何一家名副其实的社区广播电台都会一边提供别的广播里无法听到的声音，一边努力获得最大的社会利益（福格等2005:18）。

那么,"社会利益"指的到底是什么呢? 根据 2004 年《社区广播守则》,"社会利益"被定义为:

(1)为个人提供广播服务,否则,这些人无法从这样的服务中得到满足;

(2)促进讨论和意见表达;

(3)提供教育或培训;

(4)更好地理解社区并巩固社区内部联系。

社会利益可能还包括其他"社会目标"的实现:

(1)传达地方当局提供的服务和其他公共服务;

(2)促进经济发展、推进社会事业;

(3)促进就业;

(4)为人们提供获得工作经验的机会;

(5)促进社会包容;

(6)发扬文化和语言的多样性;

(7)推动公民参与和志愿活动(福格等 2005:17)。

到目前为止,一切都很值得——不过,理解社会利益的最好方式是根据社区广播把人们的生活变得不同的实际例子。Ofcom 社区广播部门的报告和安东尼·埃弗利特(2003&2003a)对最初的"广播准入"试点电台的研究给出了很多这样的例子。

因此,虽然所有的社区广播电台都能被看作是"为个人提供广播服务,否则,这些人的需求无法得到满足",像莱斯特接管广播这样的电台,能让 8~14 岁的孩子们在最低限度的成人监管下经营自己的广播电台,让不被关注的群体发出自己的声音。这家电台实施一项培训计划,为小播音员们增强广播制作和主持技能。有人认为该电台有时能吸引莱斯特地区近 72% 的年轻人(郭特利 2007)。在天平的另一端,总部位于哈文特地区的安吉尔广播通过播放 1900 年至 1959 年间的唱片来服务社区里的老年听众。安吉尔电台为当地学校制作了关于老年人生活和时代经历的 CD,试图以此促进代际理解。"更深刻的理解有助于防止老人遭到忽视或陷入更极端的生理上和心理上受虐的状况。"(郭特利 2005:12)

有些社区电台还直接与那些历来生活在社会边缘的人合作,借此鼓励社会包容。例如,布拉德福德社区广播(BCB)举行与青少年罪犯的会谈,这个群体的声音在主流媒体中不常听到。同样地,位于北爱尔兰道恩·帕特里克继续教育和高等教育学院的道恩调频,每周会与来自当地学校十四五岁、行为有问题的学生见面。"这些学生来自不同的宗教背景,学院会谈经常是代表着他们被要求和不同宗教信仰的人紧密合作的第一个场合。"(郭特利 2005:12)

但是,要取得节目制作和社区需求之间的平衡可能会很难。威森肖调频和全线调频两家电台的总部都位于曼彻斯特贫困地区,当初是在雷根广播的帮助下才得以成立,雷根广播有多年成功申请 RSLs 的经验。可就像雷根广播理事菲尔·科贝尔解释的一样,应付人数众多的志愿者也带来了压力:

> 我们完全低估了对资源和恰当"处理"社区部分的需求。我们创立的不是一个广播电台,而是一个社区中心。我的意思是,志愿者的需求与广播毫不相干。我们不得不跟志愿者一起去法庭,阻止他们被驱逐。得在个人问题上给他们建议,因为这些问题把他们的脑子弄得一团糟,害他们在电台里不受欢迎……我们有一个技术高超的志愿者组成的小团队,能制作最好的节目,可是,如果他们不具有代表性,如果没有涉及整个社区,那这就不是社区广播。(福格等 2005:16)

"发扬文化和语言的多样性"是一些社区电台追求的另一个目标。总部在绍索尔的德西广播旨在把提高人们对旁遮普语的认识作为一种消除代际差异的方式。"对于那些出生在这儿,有一个和父母截然不同的'混合'生活方式的年轻人来说,这一点很重要。"(《展望未来》2006:10)布拉德福德的 BCB 发现,社区广播能让暂住人口和难民觉得自己不那么被排斥。"布拉德福德已经看到大批白俄罗斯、波兰、立陶宛、伊朗和非洲难民搬入社区,而且 BCB 还开展了很多项目来调查这些难民的兴趣和信息需求"(《展望未来》2005:10),尤其是还用12 种不同语言广播。

在天平的另一端,社区广播能成为农村地区的生命线,为他们提供获得信息和服务的途径,帮助他们排解孤独,并且为社区,尤其是年轻成员,提供要做的事情。这一点可能在苏格兰高地地区得到了最好的证明,那里的许多社区电台一起组成了高地和群岛社区广播联盟(HICBF)。另外,其他农村地区也用广播来帮助他们的社区获得社会地位,第一张 5 年制社区广播许可证发放给了福利斯特的迪恩广播。创始人罗杰·德鲁里对创立这家电台的原因作了解释:

> 我 1986 年搬来这里,很快就感觉到在这样一个人们如此与外界隔绝的地区,广播会成为一个很好的媒体。虽然看不见,但这儿的人们的确有一种被隔离的感觉。我们得到的所有媒体都来自其他地区……就连地方报刊都没有覆盖整个福利斯特地区。这个地区没有制作任何东西。可是,这个地区对社会地位有实际需求,我在这住得越久,就越能感受到这点(福格等 2005:198)。

虽然社区广播的社会利益方面很重要,但可以明确的是,这并不是要贬低节目质量,而是鼓励电台找到创新方式将两者结合起来。其中包括许多和学校、大学合作,以及与地方当局、卫生组织和其他咨询、慈善小组协同合作的电台。每家社区电台都有自己如何帮助个人或群体的案例,无论是通过单单提供一个"感觉良好"部门,还是利用培训和鼓励直接转变志愿者的生活。但正如雷根广播指出:

> 一家社区广播电台决不能成为用一连串官方声音告诉我们要把蔬菜吃完的"代言人调频"。社区广播是民有、民享、民治的广播,必须永远如

此。(福格等 2005:17)

当然,管理一家广播电台要花钱,而且为了防止商业组织通过"走后门"进入社区广播,为了保护小型商业电台,对一家社区电台应怎样使用和筹集资金有着严格的规定。举个例子,根据 2004 年《社区广播守则》,一家社区电台不能从任何单一源头获取 50% 以上的资金;另外,如果一家电台获准打广告、拉赞助,那么该电台年收入中来自广告和节目赞助的部分不能超过 50%。这就是说,实际上社区电台更倾向于从多个地方获取资金,包括来自欧洲、国家、地区和地方各机构的补助、广告费、赞助费以及其他商业活动,还有地方筹款。就像《社区广播工具包》给电台的建议:

> 一般说来,你不太可能找得到许多愿意付钱让你只做社区广播的投资人,不过,你能找到愿意付钱让你做很多做社区广播时需要做的事情——培训、社区发展、青年工作、处理失业等——的投资人(福格等 2005:174)。

听从了安东尼·埃弗利特教授(2003a)后续报告中的一条建议,文化、传媒和体育部门在 2004 年成立了社区广播基金,来帮助电台解决核心的经营问题。基金由 Ofcom 管理,Ofcom 同各广播集团,包括社区电台,就分配 500,000 镑资金的最佳方式进行磋商。然后,Ofcom 决定任命一个三人组成的社区广播基金小组来分析社区广播电台的申请和补助分配。小组成员包括"人文"创始人凯文·凯里(人文是一家关注信息和通信技术以及社会包容的慈善机构,凯文同时也是 Ofcom 内容委员会一员)、社区媒体协会(CMA)财务主管理查德·希尔顿、还有托马斯·布拉格(广播局的苏格兰成员)、广播准入试点计划的主席和 Ofcom 苏格兰咨询委员会成员。

一家电台要想符合拨款资格,就必须有一张正式的社区广播许可证——也就是说,那些用 RSLs 广播的电台没有这个资格。在《社区广播基金指引摘要》(2006 年 10 月)中,Ofcom 对拨款的使用做了概括:

电台举行的一些活动,如培训,可能会比其他类型的活动更容易吸引资金。人们认识到管理一家电台至关重要的核心工作中最难的部分是为什么找投资。成立社区广播基金就是要在这一点上提供帮助。例如,核心功能可能包括:

- 经营

- 管理

- 财务管理和报告

- 筹集资金来支持电台(拨款和商业投资)

- 社区拓展服务

- 志愿者组织和支持(Ofcom 2006 年 10 月)。

每年奖助拨款有两轮,获得补助的电台得向基金小组汇报奖金是怎样使用的,以确保奖金得到合理使用。电台能申请的奖金额度没有上限,但是补助金额最低为 5000 镑。另外,Ofcom 特别鼓励电台参加联合竞标,例如一起回报一个愿意和特定区域内多家电台合作的投资人。第一轮补助金的发放是在 2005 年 6 月,当时收到了 17 张符合条件的申请书。这 17 家电台全都得到了补助,有些得到的补助还不止一份。

这么看来,英国的社区广播如今似乎已经得到了所需的有效支持,不过还是有许多值得关注的问题,尤其是怎样吸引观众。安东尼·埃弗利特在他的后续《新声音》报告中解释道,"虽然目前还没有全面地衡量广播准入试点项目的实际听众率,但有迹象表明广播品质正在提升、收听深度也在增加"(2003a:20)。其中包括听众对呼吁协助和招聘广告的回应。然而,越来越多的社区电台参与广播直播节目,这不仅为它们带来了曝光率,而且正如传统电台一样,直播节目也巩固了电台与社区的联系。电台了解自己的听众也很重要,这样才能制作出合适的节目,并让公共部门在知晓目标听众的条件下为电台投资。

毫无疑问,因对那些参与其中的人——无论是播音员还是听众——带来的积极影响,英国的社区广播将会继续发展。它结合了创新的节目编排、培训机会和为社区带来的社会效益,为广播作出了重要贡献,从多方面很好地例证了早期广播狂热者的抱负。社区广播部门报告《展望未来》中指出:"不能保证社区广播部门的长寿,但有人认为从带来的影响或至少从吸引注意力的方面来看,这些电台才刚刚触及到表面。"(2006:28)下文是林肯郡的社区广播电台——塞壬调频的简介,阐明了英国广播第三极经历的挑战与成功。

塞壬调频

塞壬调频是一家与众不同的社区广播电台,服务的是林肯郡人,这个意义上可以说是地方社区电台;同时因为总部设在林肯大学,客观上来说是大学的一部分,很多学生参与其中,因此也能看作是社区利益电台。不过,在总编安德鲁·戴维看来,让塞壬独一无二的是它的双重身份。"这个大学引以为傲一件事情是塞壬把大学带向社区和把社区带向大学的推动力",他说,"他们用广播电台来帮助实现这个目标,而且有迹象表明这样做很有效。"

该电台每天广播 24 小时,目的是想把演播室建在大楼前部,大楼设有传媒、人文和技术学院,内设媒体制作、媒体传播和新闻学院。不过,在建立并配备好这间价值 130,000 镑的演播室之前,林肯大学已经有校外人士参加制作的广播。"塞壬源自一个学生在线广播电台,这间电台林肯大学经营了六七年",安德鲁解释说。每年,这个在线电台为了在 FM 广播得申请一次 RSL。设计这个电台是为了配合媒体制作专业学生的研究和发展项目的高潮,这个项目培训了一群来自林肯郡各地的小学生制作他们自己的半小时节目。安德鲁说,"林肯郡一直有一家在线或直播电台让年轻人和学生亲自动手做自己的事情。"

除了建立和配备这些演播室外,林肯大学还同意出资聘请安德鲁担任总编辑职位。不过,尽管如此,塞壬也同样面临大部分社区电台都在对付的资金短缺问题,就像安德鲁解释的那样:

> 我们每年能获得 10,000 镑经营预算来支付开销,比如说,坏掉的麦克风夹子每个要花 40 镑。其他社区广播电台有照明、供暖、房租和类似的问

题,我们没有。但为了做一些开发方面的工作,我不得不利用各资助机构来筹资。

其中一个问题是因为我们总部设在大学,人们就以为我们很有钱甚至资产雄厚,其实并非如此。我们雄厚的资产是我设计的演播室,这些演播室建在 BBC 地方广播站旁边,让人印象深刻,都是专业化设计的,让主持人能体验到真实的广播。我的乐趣就是看别的广播电台来这儿挖主持人。

我很高兴能有这样的演播室,可不利的一面是人们不肯出钱给我们做节目,而钱又很重要。电台的发展需要资金——买进设备,招纳人才,在社区中培训人们怎样制作广播——这些都需要钱。

尽管如此,塞壬还是设法从合作社得到了赞助,合作社出资雇佣一名副总经理,这位副总经理具体的职权范围包括把本地区的中小学和大学都囊括进电台,让学校制作自己的节目,从而维持电台和学校之间的密切联系。"一所来自科勒比的小学参加了我们盛大的开幕日,学生们 5 人一组走进演播室,用 5 分钟的时间演奏了一首曲子,然后离开,"安德鲁说道,"这真是太棒了——精力充沛、热情四射。可能会有一点粗糙,有点太快了,但这是真实的,是我们正在开展的工作。"

安德鲁对和林肯郡波兰社区的合作也感到很自豪。"我和一群年轻的波兰人一起工作了将近一年的时间,教他们访问技巧和类似的事情",他说,"开播两天之后,他们做了一个 15 分钟全波兰语的节目。如今我们把这个节目延长到每周一小时——波兰人用波兰语为波兰人制作节目。"

不过,市民和学生之间还是稍微有点隔阂:尽管塞壬已经成为大学的一部分,可要让社区觉得塞壬是自己的电台是一个真正的挑战,尤其是学期内电台是由学生主导的。林肯一家夜总会的 DJ 加文·罗伯茨在电台工作,他有一个朋友是林肯大学的学生,让加文帮忙制作节目。后来这个朋友离开了,而加文现在每个工作日仍然在这主持午餐时间的节目。"我觉得塞壬对社区有帮助",他说:

当然,如果社区成员们选择塞壬,塞壬能为他们提供一个声音。另外,它给了我经验,因此也帮助了我。业内许多人说社区或医院广播是你真正开始的地方,而我觉得这里是很多人小试牛刀的场所,他们在这里得到经验和知识后走向下一步。我希望我的下一步是得到一份商业电台的工作。

媒体制作专业学生山姆·科克每周做三天开车时间节目,他说除了无价的广播经验外,电台还让他遇见了各式各样的人。"很多人从社区来到塞壬,如果没有这个电台,我们将不会遇见这些人——比如说来自波兰社区的人",他说,"我们还有很多来自中小学的群体,看到小朋友们掌控演播室的一张工作台真是太棒了。"

我把广播当做一项特权——不是每个人都能做的,也不是每个人都想做的,但是我从中得到很大享受。我们和林肯郡的 BBC 以及林肯调频(地方商业电台)关系都很好,这让我得到了一份 BBC 广播助理的有偿工作。

安德鲁·戴维从 1972 年起一直在 BBC 工作,对他来说,管理一家社区电台是一个彻底的改变。除了处理类似更换坏掉的麦克风夹子和确保主持人在场的日常问题,他还得筹集资金、制定策略、做好健康和安全工作、和大学生及中小学生一起共事。"虽然会让人抓狂,但这的确就是社区广播的一切",他说。

我们能讨论社区利益——能探讨提升交流技能和自信——诸如此类。可是如果你跟任何一个血液中流淌着广播因子的人聊天,这时他们就会摁下按钮,指针开始转动,然后你会知道自己生活在广播之中,这种兴奋感正是我希望人们去了解的。我想将神话打破——让他们觉得这不是太难的事情。我只是希望他们能走出来,揭广播的底,为我提供一些有趣的广播。

林肯地区塞壬调频广播波段是 107.3FM,在线收听网站是 www.sirenonline.co.uk。

从多到一

社区广播很大程度上是团队制作的,而播客可以被视作是它的对立面,因为播客趋向于单人制作。一个播客是网上下载的一段 MP3 格式音频,可以用电脑或最常见的 MP3 播放。这个术语最先是 2004 年《卫报》记者本·哈莫斯利(贝里 2006:143)杜撰出来的,取自 iPod 和广播这两个词,仅一年之后,这个术语就随处可见了,还被收进了《牛津英语字典》。到 2008 年,播客变得这么受欢迎以至于 RAJAR 委任了一项关于播客的特别调查,结果发现近 187 万人每周至少听一次播客。一名典型的播客使用者每周大约订购三次播客,花近一个小时收听,其中,音乐和喜剧是最受欢迎的节目类型。不过,虽然大受欢迎,但是调查还发现播客并没有对广播直播的收听率产生影响:

> 播客似乎对广播直播收听率有一个积极的影响——约有 18% 的人说自从开始下载播客后,他们现在听直播广播的时间更长了,只有 8% 的人说听得少了,另外还有 31% 的人说多亏了播客,他们现在才开始听那些以前从来没听过的广播节目(RAJAR 2008a)。

调查还发现 2/3 的播客使用者从 iTunes 下播客,除 BBC 和《纽约时报》这种老牌媒体机构,iTunes 还提供了 100,000 个来自独立制作人的不同播客——全部都免费。

播客能这么快深入人心的一个原因是获取方便。每次有了新的片段,制作者只需把自己的播客上传到网络,用户注册之后将其自动传输至电脑。虽然说听众是"订购"播客,其实是说他们要注册才能获取——这种获取不需任何成本。研究员理查德·贝里(2006)说这个系统与印刷订阅相似,你订一份报纸或杂志,想要阅读的时候,这份报纸或杂志就送到了你家。播客也是一样,也是在你想要的时候,材料就传输到电脑上供你访问,只不过是以电子的方式。不过据广播 1 台互动节目内容制作人安迪·普乐斯通的解释,这个术语还未被普遍理解：

    我们不再称它为广播1台网站的播客，因为研究告诉我们，不是每个人都知道这是什么意思，因此现在我们管它叫"免费下载"。我们的听众知道下载，也理解"免费"这个词的意思，因为他们现在还小，真的没什么钱，任何免费的事物在他们看来都是好的。我们做了一些研究后发现了这点，于是立刻做了改变，之后休·史蒂芬的未署名播客仅因名称从播客改为免费下载，一周内下载量上升了50%，从10,000涨到15,000。

    不管名字叫什么，播客是一个聚合媒体的例子，集合了音频、网络和类似MP3播放器的可携带媒体设备。互联网开发商戴夫·温纳和美国播音员亚当·科利想要在不访问个人网站的条件下，在网上分享音频文件，于是，播客应运而生。温纳开办了RSS——简易供稿，使用者能订购内容和观点，或者从单一软件上下载网站内容，无需再次访问网站。之后，科利写了一个简单的程序，传到网上供他人运用和开发。据理查德·贝里解释，这是播客发展的关键：

    就是这个开放的方式让播客迅速被采纳，成为现在这样受欢迎的媒体。没人能独占这个技术，收听和创建内容都是免费的，因此，挣脱了"把关"媒体和制作工具的传统模式……播客提供的是一种经典的"平行"媒体形式：制作人是顾客，顾客也能变成制作人，相互能进行交谈。(2006:145—6)

但这是广播吗？

    据加里·哈德森和萨拉·罗兰兹两位研究员所说："广播节目可能是直播的，而播客不能直播，但除此之外，再无差别。"(2007:371)事实上，如果你把广播的核心要素和播客的相比，你会发现二者非常类似。理查德·贝里指出，广播是一个私人媒介，我们倾向于一个人，而不是一群人一起收听，而且因为它在跟我们"对话"，我们的脑子里能勾画出图片，它好像变成了一个朋友，我们能建立对它的信任,享受一起度过的时光(2006:148)。广播学院主任特雷弗·丹恩同意这种说法,他说:"广播仍是一对一的传播媒体,现在随着播客和你们耳中iPod 的到来,可能更是如此。"

有趣的是,2004 年播客才刚起步时,广播行业就意识到 15～25 岁的广播听众人数下降了,他们将此归咎于 MP3 使用量的增加——尤其是相对时新和有着标志性地位的 iPod。结果,Ofcom 委任了一项专门研究,来找出这个年龄段的群体——称作"iPod 一代"——想从广播中得到什么。研究发现大部分年轻人厌恶广播的播放列表,更愿意用 iPod 听自己喜欢的音乐,另外,他们还喜欢乘车、逛街或只是在外面走走时,听 iPod 来保护自己不受外界干扰。虽然报告明确指出年轻听众对当时的广播节目不满,但还发现他们的确在使用广播作为陪伴、获得信息、接触新的音乐和有趣的语音节目,但这类内容一般很难轻易获取。"归根结底……使用方便是关键。"(Ofcom 2004:39)

短短两年之后,媒体界发生了很大的变化,播客已经建立起来,通过网络收听广播的人数正在上升。在这种情况下,广播广告局委任了一项关于广播和MP3 互补作用的研究,叫做《发现与恢复》(RAB 2006a),研究发现 MP3 不但没有危害直播广播,反而与之合作默契。他们的调查表明大部分人靠广播来发现新音乐,但转而用 MP3 来找回已经知道并喜欢的音乐。更能说明问题的是,研究还发现大部分人在进行逛街或旅游这种单调乏味的工作时会用 MP3 来"逃离",他们把收音机当成与世界"联系"的方式——获取新闻、交通旅游咨询和一些友情慰藉。调查显示,广播被用来"消愁解闷、避免被孤立的感觉、让日常工作稍微变得可以忍受,等等。他们把广播当做个人灵魂的调节器"(RAB 2006a:8)。因此,可以说播客在两方面都做到了最好:通过放射性特质提供联系和提供一个让使用者觉得受到了保护的传输平台。

不过,虽然播客可能会被看成是一种用广播节目吸引年轻人的方式,但早期播客是广播公司制作的,例如 BBC,明确面向年纪较大的听众。2004 年年初,维珍电台的"皮特和杰夫秀"是英国制作的第一个每日播客,当年晚些时候,BBC 开始试点,他们提供的第一个正规节目是梅尔文·布莱格的"光阴的故事"。这是广播4台的一个谈话节目,主要讨论思想史,包括哲学、历史和科学。这些都很有趣,几乎没有面向"iPod一代"。但尽管如此,一个月后,这个节目的下载量达到了70,000次(贝里2006:150)。

播客的制作人与一开始相比也发生了变化。早期,大多数播客是"草根"制作人制作的。其中包括亚当·科利这样的职业播音员,号称"教父",他的"每日源代码"节目网站称其是"对主流媒体的挑战,是独立媒体的声音"(www.dailysourcecode.com)。虽然从某些方面来看,科利的播客和传统的广播节目有些相似——制作精良的短曲,混杂着音乐和DJ的闲谈——但播客不受监管,他想说什么就说什么,还能自由说脏话。他的播客大受欢迎的原因之一是充当了对抗美国主流广播乏味节目的良方。科利还开启了后来人们所熟知的艺术家音乐——这种音乐是指艺术家为了回报免费的曝光率同意出让版权让节目播放。这让他的播客更受欢迎,很快就拥有了大批粉丝。

早期播客的全部意义是为每个人提供表达的机会,只要大家愿意花时间制作并上传自己的播客。不需要专门的设备,而且还有数百个网站能帮助新手发布自己的播客。现在已经可以获取"普通"人的播客,这些人会分享自己最爱的食谱或园艺小贴士,又或者只是聊聊自己的生活。他们的吸引力很有放射性:一个声音直接亲密地跟你说话。和理查德·贝里(2006)的解释一样,人们更倾向于独自听广播,他们得积极与这个"看不见的"媒体建立联系,从而在脑中勾勒出图画。而且播客更进一步:

> 播客共享的这些亲密和盲目特性让它能吸引主流广播里通常不会出现的个人和群体,就像无论是从地理、种族、文化还是用社会团体来定义,听众可能会觉得制作人是"他们中的一员",是他们社区的一员。(贝里 2006:148)

不过,没过多久,主流媒体就意识到他们可以把节目变成播客。几年前iTunes播客排行榜上是亚当·科利和早期草根播客制作人潼恩及杜鲁这群人

（www. dawnanddrew. com），而到了 2008 年 6 月，英国网站上排名前五的则是知名媒体公司的主持人，像史蒂芬·弗雷、瑞奇·热维斯、拉塞尔·布兰德和克里斯·莫伊尔斯。当时（2008 年）的一个不利条件是，因为版权限制，播客不能使用录制音乐，尽管 BBC 可以播放 30 秒的剪辑，而且越来越多的乐队乐意为吸引更多听众出让版权。不过，业内人士认为这项限制被打破只是时间问题。"我觉得版权问题会改变，而改变发生时将会开创许多机会"，广播 1 台节目负责人本·库珀这样说道。

英国的商业广播也定期为听众制作播客。根据广播中心做的 2008 年度商业广播审计报表，有 57％的商业电台制作播客：

> 尽管 10％的电台每天更新播客，但大部分是每周更新。电台越大，制作的内容就越可能不同于直播，不过规模较小的电台也在继续制作高质量的播客。（广播中心 2008：19）

商业电台制作的播客类型包括地下乐队的音乐、当地体育采访和数字电台切尔"过着的冰冷的生活"，设计目的是帮助听众放松心情。

制作播客的不只有广播电台，维珍大西洋航空公司就有一系列的播客指南，为乘客介绍各主要目的地，如纽约、上海和古巴。美国宇航局在教育工作中使用播客，内容是科学家们就各种话题发表演说——甚至还有一个播客来自 2005 年的航天飞机。各公共服务机构，像圣约翰救护队、苏格兰旅游局和南约克郡警署都使用播客来发布信息。在政界，美国政客们很快意识到可以利用播客来争取选民，因此乔治·布什在 2005 年开始定期发布播客，把 20 世纪 30 年代富兰克林·罗斯福的炉边广播演说扭转成了 21 世纪的播客。现在大多数政客都在使用播客。谷歌搜索"戈登·布朗、播客"，你将会看到 100 多万的点击率。

教育也把播客囊括进来。2004 年，北卡罗来纳州的杜克大学发了 16250 台 iPod 给新生，让他们去记录讲座，从网上下载课程内容，录制自己的讲话或项目中的采访。一些大学把讲座制成可供获取的播客,这样学生们能够再听一遍。讲座中,他们就能听讲而不是做笔记,之后还能再听一次。这也是研究人员"出版"著作的一种方式,这种方式能让任何想要的人都能获取。

当然,现在的报纸也都有播客在讨论任何一个想象得到的话题。早期,报纸上的播客一般都是某个人在阅读当天报纸的内容,但很快报业认识到能吸引人们去浏览他们的网站——这样他们就能得到更多的点击率,从而对广告商更具吸引力——特色是他们在印刷报纸版本上采用的真实采访,或邀请明星嘉宾来制作播客,像喜剧演员瑞奇·热维斯为《卫报》做的播客一样。传统主义者可能会说因为这些音频片段不是在一家广播电台里制成的,因此已经不是"真正的"广播。不过,随着 BBC 的"再听一遍"服务,DAB 广播的暂停或录音和存储直播广播的功能,以及个人在线广播的兴起(见第二章),"真正的"广播的定义已经开始模糊了。对于很多像广播学院主任特雷弗·丹恩这样的专家来说,播客只是另一个广播传输系统,而且事实上,播客这么受欢迎对广播行业来说是个好消息:

> 现在正从事广播行业的人能看出播客的强大力量——例如,《卫报》就制作了许多播客,还加入了广播学院。《泰晤士报》、《金融时报》、《天空体育》——很多我们以为不会做广播的人现在都在做,只不过他们的发布方式不同而已。

英国广播的发展方式表明广播的优势之一在于适应技术变化的能力,社区广播和播客都允许这个媒体通过自我改造来保持与使用者的联系。不过,虽然广播传输的平台可能会变,但所有广播吸引听众的方法有关键特质,这正是下一章将要探讨的内容。

第四章　广播风格

　　每家广播电台都在努力获取一个独特的风格。虽然这个风格可能会和同一集团内部其他电台——例如,BBC 地方电台或全球广播的所有电台——类似,所有电台都希望自己听起来是在为听众提供一个特别的产品,与本区域内能收听到的其他电台不同。电台表明身份最明显的方式是通过音乐的选择(或缺乏选择)和主持人的风格。另外,电台的身份也能从短曲、标志、组织的比赛类型和所有宣传材料上看出,本章稍后将对此作详细讨论。换句话说,一家广播电台重要的不只是节目产出,还有构成品牌的一系列态度和价值观。

　　广播电台的品牌化和品牌在业内的重要性反映出广播变得越来越商业化了。广播不只是一种信息和娱乐形式,还是听众利用各种平台消费的一个“产品”。和所有的产品一样,广播也必须满足消费者的基本需求。例如,我们在选择去哪家超市购物时,基本需求是超市里面储存的食物和饮料。我们对于一家广播电台的基本需求是它提供的信息和娱乐。然而,除此之外,我们选择的品牌也能说明对我们来说,什么很重要:在阿尔迪买东西的人可能会比在桑斯博里购物的人更关注商品价格,因为对于在桑斯博里购物的人来说,商品的感知质量比价格更重要。同样,与经典调频爱好轻古典音乐的听众相比,BBC5 号直播台的听众可能对新闻和体育更感兴趣。就像超市可能会因为一系列与其提供的基本服务无关的特征——比如说手推车的质量或是收银员的态度——赢得或失去顾客,同样,电台也可能会因为频率、短曲风格或某个主持人的聊天方式等细节赢得或失去听众。

总之,品牌化是一家广播电台获得一个始终如一的身份的方式,能通过节目编排和推广的每个环节来传达,而且随着观众能收听到的电台数不断上升,拥有一个独特的、吸引人的品牌也越来越重要。虽然 20 世纪 90 年代中期,英国大部分人能轻易收听到的广播电台数仅限于少数几个国家电台和两三个地方电台。如今通过 DAB 和其他平台,可供选择的电台似乎数不胜数,每家电台都在努力获得一个独一无二的品牌来激发听众的忠诚度:因电台展现的形象,每个人都想成为其中一份子。

通过研究一家电台在被接管之后的品牌变更,能清晰看出品牌形象的重要性,就像卫报媒体集团(GMG)在 2007 年春季收购传奇广播电台时发生的那样,GMG 将其更名为流畅广播后重新启动。菲尔·迪克逊原是传奇广播中部地区的总经理,后来成了流畅电台的总经理。在涉足广播行业之前,传奇已经是一个知名品牌,主要满足 50 岁以上人士从度假到保险的各种需求。传奇开办的地区广播电台助其拓展了公司品牌:

> 毫无疑问,传奇广播极大地推动了传奇集团的发展,这一点尤其能从有传奇广播的地区和没有传奇广播的地区对比中看出。他们开展了研究,发现通过连锁反应——人们收听电台,喜欢这个电台,于是决定购买一个传奇的产品,无论这个产品是保险还是度假——最终盈利额竟然增加了 500 万镑,这可是一个了不起的成就。(菲尔·迪克逊,总经理,流畅广播)

因为传奇这么出名,电台开办以后,许多 50 岁以上的人士认同它们的品牌,开始收听传奇广播,立刻成为听众。可是这个品牌优势也让有些人望而却步。"有相当多的听众确实听了传奇广播,但不肯承认,只因为承认收听这种老年人的广播电台会很丢人,"菲尔解释道。

传奇广播的目标听众是 50 岁以上人士,流畅广播的目标听众则是 40 岁以上,因此改变不是很大,不过,单是改变名字可能会丢掉"老年人广播"的形象。菲尔说流畅广播开播前的那个周末,电台几乎没有播送语音广播,只播放新电台要用的音乐。此外,还结合了大规模的广告宣传,利用公车尾部、出租车和高峰时段的电视广告。菲尔说这个转换是一个成功:

> 我们没有特别希望人们觉得是从传奇变成流畅——我们只想提供一个崭新的广播电台正在启动的形象。我们必须注意的事情是不要失去传奇的听众,因为如果他们突然决定"我不喜欢这个",然后关掉收音机的话,我们就要抓狂了。这其实是一个平衡的做法——保证音乐不会彻底改变——让音乐逐渐发展而非彻底改变。

除了换掉电台节目表外,GMG 还做了很多关于听众生活方式的市场调查。菲尔说这些都将复制进广播中,以此建立一个年轻的品牌,并且让电台里的每件事物都与新的目标听众相关联。他说,"不管你做什么,都应符合公司的品牌价值。"

我们将会在本章后面看到,所有广播电台都知道自家品牌的重要性,并且花了很多工夫来把品牌做好。不过,在此之前,仔细考虑所有广播电台都要处理的基本任务——广播日——很重要。

广播日

广播产出不只是随意地挑选节目或片段,而是脑中记着一群特定听众,仔细考虑音频的混合结果。基本理念是广播产出应以某种方式反映听众的普遍情绪和活动,因此早餐节目轻松愉快,能让听众在早晨行动起来,深夜节目则更亲密,更能引人深思。换句话说,广播试图在一天中的特定时间,用符合听众需求和情绪的内容来补充他们现实生活中的活动,与此同时,还提供一个计划表,好像每天都是新的。就像帕迪·斯卡内尔解释的一样:

广播和电视时间安排的效果就好像是把每天都挑选出来当做"这"一天,尤其是这一天,把这一天当做是它"自己"的一天,沉浸在参与的活动和关注点的自身及时性中。用来制作广播产出的人力(关注)的巨大投入传递了一项服务,这项服务最普遍的影响是将时间再次延长。(1996:149)

为了实现这个目标,广播公司把一天分成若干时段,也就是斯堪内尔所说的"时带",以配合大多数人的日常生活,让节目"迎合那些能在某个特定时间、特定地点收听的人"(1996:150)。

当然,可以说因为播客、再听一遍服务和一些 DAB 收音机能录下节目以后再回放的功能,这些"时间安排"不像过去那般贴切了。现在人们收听大部分通宵节目都在下载之后,而不是听直播,2008 年 7 月 25 日克里斯·莫里斯广播 1 台节目的播客中,这位早餐节目主持人半开玩笑地指责了那些只听播客不听直播的人,因为根据 RAJAR 的收听数据,节目的收听人数下降了 50 万。考虑到莫里斯的播客是 iTunes 列表排名前五的常客,这种下降不会导致他睡不着觉,但的确说明了一个事实:一个旨在帮助你开启一天生活的节目现在被放在其他时间收听了,不过还是有一批忠实听众。但是,大部分的广播仍是直播收听的,因此,传统的广播日仍然可行。

早餐节目

对大多数广播电台来说,最重要的节目是早餐节目。这个时间大部分人都会听广播,所以早餐节目被作为电台的王牌节目。早餐节目被用来实现很多不同的目标,最明显的是为电台吸引听众,有望能让听众在当天余下的时间里都听这个电台。早餐节目的听众总数将近 1400 万,而且根据 Ofcom 所说,"早餐时间是广播收听的高峰,也是国家广播电台的关键时间。电台在早餐时间的收听份额极大地影响着他们在广播市场的总体份额"(Ofcom 2008a:288)。

无论是 BBC 电台还是商业电台,国家电台还是地方电台,语音电台还是音乐电台,电台的身份都是早餐节目建构的。身份的建构不只是靠实际的节目内容,而且还能依据当天余下时间的节目安排。96 特伦特调频的主持人和节目副总监马克·丹尼森说,早餐节目是推广其他节目和电台自身的最佳时间:

> 事实上,早餐是你的前门,你努力让人们从这里走进来,希望他们喜欢里面的音乐和风格,明白当他们工作或开车时能依赖我们播放好听的音乐。他们要知道晚上 10 点收听时,不仅能听到一个情歌节目,还有一个亲情热线,或者晚上 7 点开始收听,他们会听到一些新的音乐。你需要让人们知道,你的电台在做这些完全不同的事情,而不是公然成为一个销售人员,作为一个主持人,你的工作是让电台成为亮点。

不管是基于语音还是音乐,许多早餐节目都是由一个主持人团队共同完成的,这些主持人每人都有一个独具特色的播报风格。例如,广播 4 台《今日》节目的主要主持人每人都有一个不同的访问风格。约翰·汉弗莱以其咄咄逼人,几乎是威逼的方式而出名,而和他同样执著的詹姆斯·诺蒂在访问时则采取一种更加理性的方式,使得节目得以平衡。同样地,5 号直播台早餐节目主持人希拉·福佳蒂给人冷静、泰然自若的印象,平衡了容易激动的尼基·坎贝尔,不过,尼基经常能给节目带来幽默的段子和邮件。

有趣的是,面对早餐时间的收听高峰,一家叫同志广播的同性恋电台却反其道而行之。这反映出一个事实:虽然能用 DAB 收听电台,但大部分听众还是在线收听。

> 与大多数广播电台不同,同志广播的收听高峰不是早餐时间,而是夜晚,因为夜间交友网站"gaydar. co. uk"的访问量最大。一个必然的结论是,网络促进了广播收听。(保罗·罗宾逊,《卫报》,2007 年 7 月 2 日)

不过,对于主流广播来说,早餐节目无论风格怎样,都会有一个独特的安排。就是说,通过定期检查让人们坚持走出家门,提供旅游和交通信息帮助他们计划行程,除了播报当天余下时间可能会发生的事情,还播送头天晚上的新闻。电台普遍认为早餐时间大部分听众的收听时间约为 20 分钟,因此一定量的重复是允许的,尤其是重要的新闻故事或特别"火"的演艺圈八卦。

日 间 节 目

早餐节目之后,广播节目的步调一般会稍微慢下来一些,因为电台认为大部分人到九、十点时已经到达当天余下时间里需要在的地方。传统上,这个时段的广播主要面向家庭主妇,但是随着许多上班族开始在线收听,电台现在意识到有各种各样的人在收听日间节目。

一般来说,日间节目编排会设定为一个更加专注的听众群,通常以点播、竞赛和热线电话为特色。这些节目背后的理念是提供一些让人们能参与其中、颇感兴趣且不需花费太多精力的事物——有一个听众称其为"大脑的口香糖"(哈格雷夫 2000:12)。

主持 96 特伦特调频晨间节目的马克·丹尼森说,虽然节目主要面向上班族,但他发现其他很多听众对工作根本不感兴趣,因此他得迎合他们,努力让他们重新收听他的电台。"这些年来,广播收听发生了变化。人们这个台听 10 分钟,那个台听 10 分钟,而我们的工作是努力让他们多听一会,"他说,"所以,如果他们不是现在听个 10 分钟的话,那 5 点的时候——或今晚,或者明天——他们又会回来听的"。

交 通 之 声

随着传统工作日的结束,大部分电台的步调又一次加快了。交通之声节目和早餐节目的功能相同,但情况却相反。它们的工作除了播报当天发生的新闻之外,还要在人们下班回家途中提供关于交通和旅游的信息。正如早餐节目要宣传当天余下时间的节目,开车时间节目也充当着沟通日间节目和夜间节目的桥梁。

很多人收听开车时间节目是为了获知特定信息,可能因为他们遇到了堵车,或是需要知道天气预报怎样,BBC 诺丁汉广播编辑索菲亚·斯图尔特称这些人为"功能型听众":

> 功能型听众一般是因为需要才收听我们电台的年轻人。他们想知道发生了什么……天气怎么样……有什么新闻。他们摁下按钮,找寻需要的信息,之后可能会再一次走开。现在的挑战是让他们继续收听接下来的节目。情感类听众通常与我们的主持人关系更好,而且会更爱我们,想要和我们在一起。他们往往是那些愿意长时间听我们节目的人。对我们来说,这两类听众真的都很重要,因此应该为他们双方提供节目,不能忽视任何一方。

夜间和通宵节目

晚上 7 点之后,传统广播听众人数一般很少,估计总共只有 400 万(Ofcom 2008a:288)。传统上,这个时间点一般播出的是非主流节目,通常是以乡村、爵士、舞曲或另类音乐为特色的专业音乐节目。背后的理念是如果你对专业音乐感兴趣,你会努力去听,或尽可能去下载这些节目,如果没兴趣的话,你当时很可能无论如何都不会收听的。

直到几年前,通宵节目都被电台经理用来推销新的主持人和新的安排。许多主流广播公司从通宵节目起家,传奇主持人约翰·皮尔的深夜另类音乐节目有一个狂热听众群。但是,现在几乎每个通宵节目都是广播网络节目,这种节目能帮小型电台省钱,小型电台争辩说这里省下的钱能让他们在收听高峰时间多花点。

周末节目

周末节目反映出一个事实:周末对大多数人来说是休闲时间,因此无论电台风格怎样,到周末一般都会更轻松。传统上说,虽然是以不同方式,但体育在周六下午节目中地位显著。

可以想见,像畅谈体育和BBC5号直播台这样的电台会把整个周六下午的时间都用来播放体育新闻,不过,很多音乐电台也会在足球赛季报道赛事,更新进球榜(详见第九章关于体育节目的描写)。地方广播周六下午的特色也是体育,经常播送关于地方球队的评论和其他关键比赛的最新消息。

对很多电台来说,周六下午的听众和工作日的听众是不同的。就像BBC诺丁汉广播编辑索菲亚·斯图亚特解释的那样,这使得周六下午成为电台推广其他节目,努力把"功能型听众"转变为"情感类听众"的时机:

> 足球报道对我们来说真的很重要,因为它能带来一个不同的听众群,这群人除了周六收听体育报道,其他时间可能根本不会听广播。我们的挑战是让这些听众继续收听其他节目。那时,我们花了很多精力宣传和推广其他节目。半场休息时,我们有很多信息,可合理播报是很重要的。我们(夹杂在)周六体育报道的宣传方式与其他时段不同,因为我们想要推销这个与众不同的听众群能轻松获取的事物。

就连电台都认识到自己在周六下午的吸引力是能自由播报体育新闻,通常至少会播送地方球队比赛的结果。它们意识到就算听众不是体育迷,也会想要了解地方赛事的最新情况。

BBC 品牌

虽然BBC是公立的,但是因为两个主要的原因,品牌化对它来说仍很重要。第一个原因是就像所有广播公司一样,BBC也需要展示自己的形象,以激发听众的忠诚度。第二个是一个强势品牌形象能让公司更容易把节目销往国外,挣钱来补足执照费。

全世界都认可BBC品牌是优质广播的代表。BBC通过自身历史与英国社会紧密地联系在一起,被当做是能吸引大批听众的公共服务广播(PBS)的榜样,不像在世界其他地方，PBS 经常被看成"有意义但却枯燥无味"。当然，英国的商业广播也在提供公共服务广播，但 BBC 因悠久的历史被很多人当成是 PSB 和公平公正的广播的同义词，正如编辑指南中明确说明的那样：

在为英国和其他各国提供节目和服务的过程中，BBC 致力于履行最高的编辑和道德标准。我们争取获得我们表达、播报信息自由和责任之间的平衡，例如，尊重隐私和保护孩子。（BBC 编辑指南 2008a）

实际上，BBC 集团内包含了很多不同的品牌，每个品牌都面向一个不同的、偶尔会重复的听众群。这使得 BBC 成为一个令人畏惧的竞争对手，导致 2008 年夏天面对商业竞争对手竞购时，BBC 利用执照费保住了乔纳森·罗斯这些大牌主持人，引发了人们的质疑（吉布森 2008a）。不过，虽然国家和数字电台在 BBC 品牌内部都有自己的身份特征，但 BBC 地方电台也有一个始终如一的身份，能激发听众的忠诚度，BBC 信托基金会承认说：

英国地方广播为听众提供了价值很高的地方新闻和信息服务，这些听众有时会觉得 BBC 其他电台没有满足他们的需求。虽然随着时间流逝，听众人数有些下降，但现在 BBC 地方广播每周仍能吸引 750 多万成人听众。地方广播面临一些艰难的挑战——在地方市场和 BBC 广播集团内保持自身特色的同时，努力广泛吸引 50 岁以上的目标听众。（BBC2006—2007 年度报告：20）

BBC 诺丁汉广播编辑索菲亚·斯图亚特称地方广播的魅力在于培养了与听众的感情。"就像是在酒吧里讨论本地的流行趋势——人们谈论着从我们这听到了什么，"她说，"人们选择我们的电台，因为知道我们会告诉他们当地发生了什么，而且我们也想听听他们的故事，这样就能互动了。"

BBC 真正优于商业广播的地方是交叉推销所有服务的能力。虽然 BBC 不做商业广告,但能宣传自己的产品,就像 BBC 电视推广不同的广播电台、在线和数字服务,反之亦然。它们还有 BBC 自主权,能利用所有的服务推销同一事物。索菲亚·斯图亚特承认这与集中化的自主权相比,有很多优势:

> "春望"就是一个很好的例子。电视、广播里推销商品的时候,为了让效果最大化,BBC 所有地方电台在同一天举行大型实况转播,这样网络电视也会在同一时间帮我们宣传,大家都能看到这种做法带来的利益。因此,我们有时会做同一件事情来使影响最大化,这样就能在所有平台上交叉推销。

但不管怎样,BBC 与竞争对手相比都有一个不公平的优势:毫无疑问,BBC 长久以来建立的品牌十分强势。英国商业广播面临的挑战是推出一个更具吸引力的品牌。

商业广播品牌

很长时间里,人们都以为英国商业广播和 BBC 关系不好,主要因为商业广播和地方广播相连,很多人认为地方广播不如国家广播重要。Ofcom 认为"英国传统的广播政策,之后的立法和监管都是为了让 BBC 成为国家广播的中心,让商业广播成为地方广播的中心"(Ofcom 2007a:1.5)。然而,最近,商业广播意识到自己的优势在于地方性,在于同广播播送社区保持紧密联系的同时所保持的团结性,电台之间开始变得相得益彰:

> 商业广播延伸到英国的每一个角落;在农夫可的影响力和在纽卡斯尔一样强,在贝尔法斯特和鲍德斯也是一样。苏格兰有 36 家商业广播电台,威尔士有 17 家,北爱尔兰有 10 家。商业广播占据了地方收听率的 75%。
> (广播中心 2008:10)

如前所述,BBC 广播电台集团内部有很多不同品牌,在广播中心旗下经营的商业广播也是如此,广播中心推广所有同地方社区有内在联系的商业广播。正如广播中心董事长安德鲁·哈里森解释的一样:

> 英国每天都(也)有一些非凡的故事,说广播电台从业人员确实把听众的生活变得更好了。当媒体的角色受到越来越多的监督时,这样一个亲密的关系中发展起来的信任比以往任何时候都要重要。了解到因为听众对商业广播很重要,因而商业电台对听众也很重要的事实给了我很大的鼓舞。(广播中心 2008:8)

愤世嫉俗者可能会说听众之所以很重要是因为他们是电台收入的基础。虽然这种说法不错,但地方商业电台已经意识到他们的主要竞争对手不是其他商业电台,而是 BBC,尤其是广播 1 台和 2 台,因为它们目标听众的年龄段和大部分商业电台相同。像 96 特伦特调频的马克·丹尼森解释的一样,就连音乐都是类似的。"事实上,我们的音乐和广播 1 台放的并无天壤之别——和广播 2 台的差别也不大,"他说,"我们之间的差别在于歌曲之间播送的是什么内容以及如何让这些内容变得生动。"商业电台主持人聊天时总爱强调电台是地方的,是社区的一部分这样一个事实:

> 每周有 2500 万成人收听地方商业广播。收听的原因是英国地方商业广播电台把自己放在社区生活的中心,致力于创造性地、坚定地提供听众需要和喜爱的,与地方相关的节目。(广播中心 2008:22)

电台保持自身地方性的一个方式是推介社区活动。根据 2008 年广播中心开展的 347 家电台审计表,电台平均每天至少播放 5 次"新闻进行时"单元(广播中心 2008:22)。他们还参与到地方和国家慈善机构的筹资活动中,2008 年审计表显示商业电台资助了 100,000 家不同的慈善机构:

慈善机构发现从商业电台得到的曝光率不仅能让它们免费获得大批听众，还能与那些可能很难吸引到的听众互动；尤其是年轻的和少数民族的听众。去年，商业广播捐赠给慈善事业的播出时间价值相当于几千万英镑。（广播中心 2008:26）

有了这样一项纪录，我们就很容易弄明白当 BBC 以国家公共服务广播公司自居时，商业广播老板为什么会觉得不安。全国各地的地方商业电台都在推广他们的社区和地方人才，当然这种做法能激发听众的忠诚度，能让听众觉得自己是电台的一部分。但 96 特伦特调频的马克·丹尼森也承认，商业电台不是完全没有私心的。他说："坦白讲，做与地方相关的事情的另一个重要原因是在我们做这些事之前，就已经知道它们是电台能获得的最好营销手段。"

最近，商业广播的重大改变之一是愿意团结起来作为国家网络广播。2005年 1 月就发生过一次这样的事件，当时，200 多家电台加入《英国广播援助计划》，将节目表推迟，来为受亚洲海啸影响的孩子们募捐：

电台为大约 2000 多万名听众播送了一个众星云集的节目，这是英国商业广播听众人数最多的一次。除了呼吁听众募捐，参与的电台还捐出了一天的利润，这一天的广播节目募集了 330 万镑，真是不可思议。（广播中心 2008:32）

电台还团结起来宣传音乐。2007 年 5 月，250 家商业广播电台参加了"英国音乐周"，为推广英国新老音乐家做了特别节目。接下来的一年，170 家电台参与 2008"英国广播周"，访问了一系列被提名的英国音乐人，并且在颁奖之夜播放了三个小时的节目。

不过，商业电台广播作为国家网络与电台树立的强势地方品牌相悖。广播学院主任特雷弗·丹恩说他们应该要明白听众为什么会选择地方广播：

我觉得如果你收听地方广播,你就已经决定好不想听国家广播了。我认为地方广播最好是由当地人制作,反映地方社区,大部分职员至少要熟悉这个地区,并且主要在那里生活。

音 乐

如前所述,英国大部分广播电台都以音乐为基础,每家电台播放的音乐风格是电台身份特征的关键部分。就连那些倾向语音播报的电台每周也经常会广播几个小时的音乐。无论如何,大多数广播电台播放的音乐不是单个主持人或制作人任意选择的,而是受一条音乐政策支配的,制定这条政策目的是吸引电台的目标听众。广播 2 台和音乐 6 台的总编安东尼·贝勒科姆说电台这么受欢迎的一个原因是播放的音乐范围:

> 音乐范围非常广——可能有 12,000 首歌曲——我们一般都会要求这个数,再加上以新的音乐为特色的播放列表。一个中等规模的商业电台每周可能会播放 500~600 首曲子。我们每周可能会播放 2000 首,这样音乐的面就够广。为了让这些音乐收到良好的效果,我们要花很多时间和精力。

不过,尽管音乐在广播中大受欢迎,但这个选择并不像表面看起来这么简单。首先,费用高昂。播放的每首曲子都必须记录下来,并且把细节送至表演专利协会(PRS),之后,协会代表歌手收取版权费。另一个问题是,即使一首曲子很流行,就是说卖得很好,也不一定能与电台的总体风格相符,因此,必须认真考虑每首曲子以保证不会让听众关掉收音机。第三个考虑是音乐应该要反映出当天时间和播放顺序,这样,节目就能从一档过渡到另一档,而不会四处乱窜。例如,人们通常认为柔和的情歌更适合深夜节目,而较欢快的音乐则用于早餐节目。基于这些原因,一条经过深思熟虑的音乐政策对每家广播电台来说都很重要。

大多数音乐电台的播放列表每周更新。这张列表决定了要播什么和多长时间播一次。在小型独立电台，列表由节目总监同音乐或其他制作人协商之后编辑出来。而集团旗下的电台通常会有一个集团音乐政策，这样所有电台的听觉品牌就能保持一致。不管怎样，音乐的选择不是由个人口味决定的，而是一个专业化判断，要考虑到各种因素，包括电台的目标听众，在一天中的某些时间播放一首歌曲有多合适，以及在听众调查中这首歌曲表现如何。

所有大型广播集团都对自己播放的音乐开展听众调查。BBC 地方广播在伯明翰开展听觉测试，以此为 39 家 BBC 地方电台创建播放列表，这些电台音乐和语音的标准比率是 30 比 70。问题是很多商业广播电台的目标听众类似——一般都是 25～50 岁的女性——因此每家电台都是用测试中得分较高的相同歌曲结尾。根据身兼广播主持人和记者的马丁·凯尔纳所说，"这种对感知智慧的奴隶性依附把广播变得乏味又老套"：

> 音乐节目对测试很热衷。测验的做法是为一群年纪和性别与电台目标听众差不多的人播放一系列歌曲，每首 40 秒，然后让他们打分。广播中放的很多都是流行歌曲。（凯尔纳 2008）

不过，BBC 诺丁汉广播编辑索菲亚·斯图尔特说，即使是基于语音的电台，选择合适的音乐也至关重要，不应由个人做决定：

> 20 年前，人们选择自己的音乐，我在这儿最初的工作之一就是选择音乐。你觉得我们为 3 分钟的早餐节目煞费苦心——其实，3 分钟的音乐也同样重要。我赞成这样一个事实：测试是做了，但不是每个人都认同。对此，我们都很有热情，但实际上我们的热情应该放到次要位置。

很多广播电台听上去差不多也归咎于计算机化。商业广播应用最广泛的软件包是"选择器"系统。这个系统取一张预定的节目表，将其分成各个种类，比如说,艺术家、标题、节奏和情绪,之后提供一个播出次序。这个播出次序要考虑到一天中曲子应播放几次,哪些歌曲应在一天中的某个特定时间播放,还要保证所有歌曲播放顺畅。对于一个集团的电台来说,这样一个系统的优势在于毫不费力地保证了节目的一致性。该系统还为每家电台提供了一个简便方法来记录那些已经放过的音乐,无需填写记录文档和版权回报。

"没有音乐真正是由计算机选择的,"广播 2 台的安东尼·贝勒科姆说道。对他来说,广播 2 台节目使用的软件只是制作人和主持人用来确保没有冲突或重复的工具:

> 根据为计算机设置的程序,我们能赋予日间节目一个音乐播放次序,接着计算机会选择音乐。不过我们之后会让每个节目制作人查看这些音乐,看其顺序是否正确,最后主持人和制作人能做一些自由选择。因此,他们得到的不是一盘烧好的菜——盖子还没有掀开,这就是他们在餐桌上需要服务的地方。他们拿到了一包十分有趣的调味料,能加入更多并且用自己的技巧将其变成一个引人注目的节目。

来自 BBC 诺丁汉广播的索菲亚·斯图尔特同意这种说法,并补充道,计算机化的播放列表为电台提供了一致的声音:

> 我没有禁止主持人使用列表之外的音乐,因为有时播放这些音乐很重要。这关乎信任,你需要这么做的原因是更好地阐释一首曲子或介绍一支开始流行起来的地方乐队。一首曲子,你不会放 4 分钟,只需放够长的时间来阐释清楚,保证人们不会关掉收音机就好。我们必须保持一致。我们已经得到了专业音乐,这的确很棒;可是如果有人在一天中的任何时间开始听广播,你会希望他们也能得到同样的产品。你不会希望每个节目都不同,因为我们的节目不分时段很重要。因此,当我们的确允许使用一些音乐来阐释时,这些都应该考虑进去。

当然,有人会说音乐广播正在渐渐失去对音乐市场的影响力,因为如今大型唱片公司和宣传部门不需请示就能在网上发布这么多的新音乐。但是,代表英国商业广播的集团——广播中心——研究发现"广播仍是发现新音乐的首要位置"(广播中心 2008:44)。他们的研究表明,83%的 15～19 岁的听众和 87%的 20～24 岁的听众认为广播为他们提供了购买哪首歌曲的主意,71%的听众说广播让他们认识了新的艺术家。"电台擅长在正确时刻播放最合适的歌曲,还利用专业和现场音乐拓宽听众的音乐视野。这些音乐除了娱乐之外,还能带来挑战和教育。"(广播中心 2008:44)

报告——调查了英国 347 家商业广播电台——补充说,大部分电台也有专业音乐节目,不过这些节目不是基于电台的播放列表或听众需求。电台平均每周播放 11 小时的专业音乐;在伦敦地区,这个数字上升到每周 25 小时。

另外,商业广播电台不是单单播放著名的国际音乐家的作品,恰恰相反,它们努力表达当地社区的声音。10%的电台每天播送地方乐队歌曲,还有 25%每周播放。支持地方艺术家和乐队的节目包括"混音 96"的《直播本地》、布鲁内尔调频的《频率》和韦塞克斯调频的《畅通无阻》。事实上,83%商业广播电台的节目表上安排有地方艺术家。55%的威尔士电台每周播放地方乐队和艺术家的音乐,这个事实反映出威尔士热闹的音乐场景。(广播中心 2008:44)

BBC 不甘落后,于 2002 年开办了自己的专业音乐电台——音乐 6 台。这个电台能用数字收音机和网络收听,是 32 年来 BBC 开办的第一家国家音乐电台。除了播放 BBC 存档的现场音乐片段,比如说传奇的《皮尔专辑》,该电台以播放另类音乐为主,另外,还有专辑花絮放送。音乐 6 台是广播 2 台的"姐妹电台":它们分享相同的演播室,由同一个管理团队负责,考虑到音乐 6 台的目标听众年龄在 25 岁以上,这似乎有些奇怪。不过,身兼两家电台总编的安东尼·贝勒科姆说:

谈论广播时，我们一般会从人口结构上讨论，可我真的不确定这是否仍然有效。我认为这不是你应该使用的判断方式。如果纯粹如此，那拉塞尔布兰德和戴维·雅各布（都是广播 2 台旗下）是怎样共存的呢？那儿的人口结构是什么样的？我觉得对音乐 6 台来说，虽有明确的目标听众年龄层，但它并不是一家人口结构主导的电台。我认为音乐 6 台更多是关于人们的热情和展望，与广播 2 台的不同之处仅仅在于对待音乐的方式。音乐 6 台完全以音乐为中心。

话虽至此，但安东尼认为这两家电台也有很多相似的地方：

广播 2 台和音乐电台一样，有一张长长的歌曲记录单，和音乐行业合作密切，采访了很多新生代艺术家，举办了很多活动。广播 2 台做过的很多事情，音乐 6 台也做了，只是以不同的方式。我们需要与音乐行业相联系，也要和表演者相连，这样在同一栋楼里，就会有一个经济体保证这些联系继续。我们音乐 6 台的制作团队刚来时真的都很年轻，很精通数字化。他们中有些人以前没有从事过广播行业，有些人来自网络行业，真的都很优秀。这儿是个熔炉，广播 2 台把老手的经验传给他们，这些老手偶尔会帮忙打磨节目。同一栋楼里，音乐 6 台做的事情则是淘气的小孩教年纪大些的孩子一些新的恶作剧。二者合作非常默契，相互影响，但却给人迥然不同的感觉。就算两家电台的主持人相同，你也不会把它们弄混，你会说，"好吧，史蒂夫·赖马科在那做广播 2 台的节目。这会史蒂夫在做音乐 6 台的节目"。感觉是全然不同的。

正如 96 特伦特调频的马克·丹尼森所说："音乐一直是所有电台最大的烫手山芋，就像每个人都是足球经理一样，每个人都是音乐通。"现在广播，尤其是面向特定听众群的数字电台上能收听到的音乐范围更广，而像早期广播，很多音乐都是现场的：30％的商业广播电台每个月至少播放一次现场音乐（广播中心 2008：44)。尽管在线能收听到这么多的音乐，但对大多数人来说，广播仍是他们收听新音乐的主要方式。就像广播中心解释的那样，"主持人仍是备受信任的音乐指导。因此，广播将会继续成为发现新音乐的场地和刺激音乐购买最重要的推动力"(广播中心 2008：44)。

短曲和广告

短曲和广告——无论是产品或是其他节目中，音乐占很大比重，所有电台都使用音乐，而且就像录制音乐，这些音乐也要和电台总体声音融合，以此强化形象。尤其是短曲，起到了关键的品牌化功能，是电台形象的听觉包装。威尔比和康罗伊发现，"在听众群体的意识中，短曲对电台确定地位和身份来说非常重要"(1994：55)。

短曲被用来点缀一档节目或是把一档节目同另一档相连，形式各种各样。"叮"的一声可能只是用来引出广告时间或节目之间停顿的一段 2 秒音乐。"台词"或"电台标志"都包含音乐、使用电台名称和收听方式(FM/数字/在线)，二者作用方式类似。"清道夫"一般会稍微长一些，可能会包括正在广播的节目的相关信息。

除了点缀节目，短曲还把电台名称告知听众，短曲能中发现电台名称，并且通过不断重复把哪个平台能收听到广播的信息嵌进听众的意识中。短曲还能即时传达电台风格，因此，大多数电台的短曲都是专业公司制作的，这些公司和电台营销部门合作制作出囊括电台特质的短曲。

《追踪》节目本质是为其他节目打广告，经常由电台自制。因为根据定义，《追踪》都很短，但电台还是仔细考虑了它们的风格和其中用到的音乐。《追踪》的目的是吸引人们收听，而平时这个时间他们一般不会收听广播，不过，制作粗糙的广告则会收到相反的效果。

商业广播还会播放收费广告，广告的风格和顺序安排都必须经过深思熟虑，以保证不会让听众关掉收音机。考虑到每年产生的 6 亿英镑收入，根本上来说，是广告在为商业广播出钱(温特 2008：30)。作为商业广播行业机构，广播中心在《商业广播简介》中说，"对广播能宣传哪些产品和服务以及在那些广告中广告商能说什么、不能说什么，监管都有复杂的规定"（2008：15）。对于某些种类的广播还有特别的规定。例如，任何面向孩子，以及酒精和药品这些产品的广告。这些"特殊种类"的广告应该得到广播广告审核中心的批准，审核中心现在是广播中心的一部分：

> 一旦审核通过，一条广播广告就能在任何一个电台播放。然而，每家电台的管理人员仍有权拒绝广告或对节目安排施加约束，偶尔可能会出现一条审核通过的广告仍遭到电台拒绝的情况。（2008：15）

英国最大的广播广告制作商是 GCap 创意工坊，每年制成 20,000 条广告，为 GCap 集团创收 375 万镑。菲尔·丹克斯是工坊主任，他说为一家电台制作一条合适的广告非常重要：

> 如果一条广告让听众对一家电台感到厌烦的话，我们就没有人可以宣传了，然后一切会呈螺旋式下滑，因此我们不仅要对简单的一句"这好烦"敏感，还要了解电台的品牌，电台是如何给自己定位的，目标听众是谁，听众的价值观是什么。创作广播广告时，我们必须把这些都考虑进去。

菲尔解释说，文案是广告制作的关键。文案经常和想在广播中打广告的客户见面，了解客户想通过广告获取什么，还要多加考虑其他方面。比如说，广播推广活动、赞助或在线广告。菲尔对这个过程的工作原理做了解释：

> 我们有一个集中化的脚本系统，一旦签署同意，就只需将稿子渲染成客户想要制作的样子。虽然所有的制作人都在为集团挑选脚本——任何一位制作人都不大有可能为任何一家电台或地区或文案负责。制作人还没坐进演播室，就一边挑选脚本，一边查看归还日期，通读一遍来确保自己

已经理解了,知道广告听起来怎样。接下来要做的事情就是打电话给文案,从总体上讨论文案的设想。显而易见,我们会要求客户在纸上尽可能多写些细节,但这不能代替交谈。如果文案够幸运,当场就能想出策划的话——我们的经验中,只有三次如此——之后整个过程,他们通常不需要和制作人待在一起。

正常情况下,制作人接下来会开始预订声音。这个过程的第一步一般如果涉及任何音乐,会根据规定来。然而,如果稍微更加依托场景的话,他们经常会规定环境背景,而不是灯光效果,因为灯光效果通常依靠画外音的表演,这样灯光才能打在正确的位置。因此,音乐和背景环境都会规定好,为声音做好准备,因为我们喜欢给解说人员尽可能多的信息,这样他们就能知道自己要做什么,我们也能得到最好的表演。

目前的解说人员似乎只为综合业务数字网(ISDN)工作,就是说能整天待在家里,这对他们来说真是件好事。于是我们会预约时间空档,安排与他们合作。

合作的过程中,制作人的作用是引导他们,确保时间有效,音频质量完好。我们一直努力保持为音乐配画外音,事实上一段画外音相当于几千句的引导。

一旦完成,可能会出现另一个声音跟第一个互动。这种情况下,我们会把第一个声音调低,尽量制造互动的感觉。必须指出,ISDN 的缺点之一是,实际上你一次只能把一个声音调大一些,因为会有大约三分之一秒的延迟。所以,如果有两条声线,你不会有太多获益,延迟令人相当不快。尽管如此,我们能利用已有空间播放第一个人的声音来创造互动。然后,我们得到这些互动,在三分之一秒的延迟后将其混入。制作人会先试听以确保配合得很好的,拿定主意之后,开始整理。

接下来,我们进入混合阶段。我们采用了把所有元素分层的方法,与其他情况相比已经没什么可做的了。每件事物都已经放到了正确的位置,现在只需做音乐调音师的工作,清除影响声音效果的噪音。

　　混合完成之后，我们有自助系统发邮件给文案，邮件中有个链接，让他们能立刻听到音频。要是随后有任何变化，他们会打电话给制作人，说"噢，事实上结尾处我是这样想的，或音乐以这种方式结束"。半数情况，会稍微做些调整和修改，只是为了保证文案完全满意，同时也确保他们能很好地完成对客户的承诺。文案是联系的关键点。

　　文案满意之后会呈现给客户。理想情况是，他们走过去，坐在客户面前播放，把为什么听起来是这样的过程解释给客户听。比较糟糕的情况是我们要送出很多副本——不过目前越来越多是以 MP3 邮件的方式。客户满意后，在所有的方框里都打勾的话，我们就能上传到广播，这样一切都准备好了。

菲尔说，广告播放时，得到了很多想法，这很有意义，一天中这个时段电台听众最多，大部分广告都会在这个时间播放。但话说回来，太多广告接连出现会扫听众的兴。2005 年 11 月，GCap 董事长拉尔夫·伯纳德决定限制首都广播的广告，一次只能连着播放两个广告，以此获得更多听众并向广告商收取高价。这项政策让集团损失了 240 万的收入（梅尔莫：2006），可是却没有明确证据表明对听众收听率产生了影响。2008 年 2 月，这项政策被推翻。根据广播广告局的说法，同其他媒体相比，广播的广告回避率很低（www.rab.co.uk），这可能是因为英国的听众已经完全适应了，也因为广告制作精良，不那么烦人。菲尔·丹克斯说最好的广告有娱乐功能：

　　成为一条好广告的方法是约定——得到这种约定有很多种方式，我不会说一种方式比另一种好。喜剧可能是最流行的类型，很多广告试图通过创造一个好玩的场景来得到约定，或者借助名人和有特色的声音以及能让人们会心一笑的事物，这样人们就会觉得这是娱乐而不是干巴巴的销售信息。根本上说，他们都在努力做同一件事情——让人们倾听。

广 播 的 视 觉 层 面

像本章前面菲尔·迪克逊解释的那样，广播虽然是一个听觉媒体，但需要一个视觉身份特征来昭示自己的存在、建立自己的身份地位。越来越多的电台在其他媒体中宣传自己，尤其是新电台开办的时候。电台也会通过赠送印有电台标志的汽车窗贴来鼓励听众帮忙宣传。

标志的目的是赋予电台一个视觉身份。大部分标志都以传达电台特征的方式标明电台的名称和频率。例如，畅谈体育的标志清楚地说明了虽然是一个谈话类电台，但重点是谈论体育。标志还是一个集团内部各电台相连的方式。例如，BBC 所有地方电台的标志都类似，用 BBC 这几个首字母突出了品牌，而像 GMG 和全球这些集团的旗下电台，标志的差别只在于名称和频率。

电台赋予自己视觉身份的另一个方式是通过室外广播（OBs）。室外广播的范围从完全的路演——电台直接从购物中心、工厂、学校或特别活动场所进行广播直播，到更为低调的实时连线某个地点的节目。OBs 靠使用 ISDN 线路完成，ISDN 线路单单制作高质量的广播音频。许多地方，比如说，议会大楼、购物中心和运动场都已经配备 ISDN 接入点，用鞋盒大小的包裹装好解码器——为了在 ISDN 上传输，把模拟音频转成数字形式——连接好，混合器就组装出来了。但是，96 特伦特调频的马克·丹尼森说电台应该要想清楚直播的理由：

现在，我们都有正当的直播理由。多年前，电台只是为了做 OBs 而做 OBs，我收听的时候会想你们为什么要从橱窗里做节目呢？很明显为了做这个节目，店家得付钱，可是只有一个带着一对耳机，对着麦克风的主持人，我不明白意义在哪。如果你在做类似把广播电台带进工作场所的事情，就会变得有互动性，而不只是一个提议而已。这让听众，而不是主持人，成为了焦点。

大多数电台也都有广播车。本质上，这些车是移动的演播室，也是电台的流动广告。"说到品牌意识,使用广播车真的很重要,"BBC 诺丁汉广播的索菲亚·斯图尔特说,"我们提升形象的一个方法就是每天早上把广播车开出去播送早餐节目,这样人们就能看见我们,给我们回应。"

电台网站

广播最有效的视觉推广是借助网络形象。令人诧异的是,大多数电台都花了很长时间才意识到网站的价值。直到本世纪初,电台才开始增加网站点击率,将网站作为推广品牌和为听众提供额外服务的方式。现在,主持人通常会鼓励听众登陆网站,参与博客和讨论群,发邮件提要求,参加比赛,当然还有在线收听。

网络对广播的重要性在 2008 年 2 月得到了强调,当时 GCap 宣布关闭旗下数字广播电台"爵士"和"星球摇滚",并且出售国家数字广播公司"数字 1 台"的股权,以此把精力集中到 FM 和宽频平台上(普兰克特 2008a)。南方调频广播记者蒂姆·汉弗莱说,网络形象对电台来说极其重要。他说,"我认为在很多方面,电台真正的产出几乎全变成网站的广告。"

广播 2 台和音乐 6 台的总编安东尼·贝勒科姆认为,网络对所有电台来说都很重要。不过,对于类似音乐 6 台这样的只限数字电台,网络尤为重要:

> 如果没有一个真正有趣的线上方法,那么音乐推广的可能性则不容乐观,因为在可预见的未来,更多人会通过网络而不是数字广播收听。某种意义上说,音乐 6 台的生死存亡很大程度上能从线上效果如何预测出来。

不过,虽然他认为广播 2 台这样的电台情况不同,2 台听众的平均年龄大约是 50 岁,可能不像年轻听众那样能自在地使用网络,不过 2 台仍鼓动听众使用他们的网站:

> 有一个对比是说一个 50 岁的人以前去乐购超市购物,现在是怎样登

陆乐购网的。使用乐购网站有没有让他们对零售商的承诺更加坚定？这是不是意味着他们更常去那买东西了？是不是说他们被鼓励去购买之前没买的东西？某种意义上说，这就是你努力利用广播要做的事情。你试图用广播来鼓励更丰富的经验，信任它，经常收听，并做好标记。因此，如果你在乐购网买东西，从亚马逊买书，如果你想听点广播，还会想知道一些有关音乐和活动的信息，会想要更深入的了解，然后我们就以同样的方式让人们给广播 2 台注上标记。

广播电台网站为听众提供了一种找到更多关于电台和主持人信息的简便方法。尤其是地方电台，能够通过罗列听众参加当地马拉松或慈善长跑、学校游园会或电台赞助活动时的照片，真正建立起和听众之间的联系。通过博客和讨论区，网站为电台提供了和听众对话的机会，让听众觉得自己是电台的一部分。96 特伦特调频的马克·丹尼森说，"我们都喜欢轻松的闲聊，而且我们对事物都有自己的看法，因此网站是一个很好的平台，能让大家说出自己的看法。"

特别是对音乐电台来说，网站是提供更多地方信息的途径，只要点击就能轻松传递信息。南方调频的蒂姆·汉弗莱说，这改变了广播记者的工作方式：

> 记者——当然是商业电台的记者——受到的一个挫折是你花了 3～4 分钟采访某人，这段采访很棒，然后你却只能从中剪出 2 个 10 秒的片段，不能用全部的内容。可是现在你能播放剪辑，并且在线听到整段采访内容，实在是太棒了。这样做很值得，因为你已经做了采访，现在能收听到全部内容了。收听率证明了人们确实愿意听这个。

正如谈到应急广播节目的小节（见第八章）所述，网站在告知听众不断变化的形势的过程中，自身也得到了重视。蒂姆·汉弗莱举了 2008 年年初发生的学校罢工的例子，当时该地 100 所学校关闭。他说，"我们根本不可能念出 100 所学校的名字，但是能把名单传到网上。一天之内，我们的点击率达到了 60,000。"

演唱会、活动和比赛

广播和听众联系及巩固品牌形象的另一个方式是利用推广或赞助活动。国家和地方层面的音乐广播电台都经常赞助演唱会或音乐节，因为它们能反映电台播放的音乐。例如，逍遥音乐节是 BBC 广播 3 台一年中的盛事，也是电台用来强调承诺播放古典音乐的著名手法。同样，播放主流音乐排行榜的电台经常会赞助夏季音乐节，展出他们全年播放的音乐。这些活动不仅为电台提供了能在节目中使用的现场音乐，而且通过其他媒体的宣传，为电台带来吸引新听众的机会。

广播的慈善事件和活动也能帮助电台保持高知名度。很多地方电台都有用来支持地方慈善的跑步活动，比如说赛文·萨德的"金山"，广播 1 台的活动也向听众传达社会问题，像毒品和酗酒、性健康和学生资助，这些活动出名也无可厚非。

不过，活动应当经过深思熟虑以确保发起缘由与听众相关，而且开展方式也要与电台形象一致。举个例子，BBC 诺丁汉广播发起的一个叫做"彻夜狂欢"的活动，用来回应一名听众发短信抱怨称对老年来说，城市街道晚上不安全。电台和市议会、餐馆、剧院合作，举办了一个特别活动来展示提供的一切。编辑索菲亚·斯图尔特说，当晚来了数百名听众，而且每个参与其中的人都给了活动积极的回应。"我认为应该让人们庆祝这个城市，让他们感到地方电台帮他们庆祝城市，"她说，"这让人们想要参与其中。"

但是从国内几乎每家广播电台都在举办大量备受瞩目的比赛来看，似乎广播比赛已经成了电台吸引听众最流行的方式。维珍电台（现在的绝对电台）在 1999 年圣诞前夜送出 100 万英镑，创造了第一个"广播百万富翁"，把 11 月举办的一个测试推上了高潮。另外，流行音乐会和电影首映会门票也经常作为音乐电台的奖品。

比赛是电台用来与听众互动和巩固品牌价值的一种方式。电台经常在一天中的某个时间——比如说傍晚，那时收听率一般会下降——试图用比赛来增加收听率。据说,因为 Ofcom 发现了一系列不法行为,导致 2008 年电台的热线比赛不那么受欢迎了。2008 年 6 月,首都广播业主 GCap(现在的全球广播)因"机密声音"比赛——2007 年集团旗下 30 家电台都举办了这个比赛——被罚 111 万,这个数额创了纪录。Ofcom 的一项调查发现电台故意选择答案错误的参赛者上广播,延长比赛举办的时间,鼓励更多人付钱参加(普兰克特 2008a:27)。一个月后,因为来电比赛的冠军是假的,好几个 BBC 广播节目受到了 Ofcom 的惩罚,其中包括利兹·克肖的音乐 6 台节目,伪造冠军高达 17 次(斯文 & 霍姆伍德 2008:31)。

正如我们已经看到的,在为一个隐性服务赋予显性身份的过程中,电台品牌的建立很重要。不过,对于任何一家电台来说,最重要的还是那些声音被听众倾听的人——主持人、新闻播音员和记者。尤其是主持人,能激发听众对电台强烈的忠诚,而且如果他们换电台的话,听众也会跟着换(哈格雷夫 2000:15)。他们是电台真正的声音,下一章将探讨谈话和音乐电台主持人的作用。

第五章　电台的声音

无论是基于音乐还是语音，广播都是靠人声和听众联系的。安德鲁·克里塞尔指出，"广播主要是一个'生动的'个人媒体，而一直放音乐、听不到人说话的，是非个人的，会让人望而却步"（1986：65）。换句话说，广播里面，我们回应最多的是主持人和新闻播音员的声音。他们是广播的化身，提供了一种能让我们识别和联系的个性特征。

"最好的播音员都是真实的，"广播学院主任特雷弗·丹恩说道：

> 那些人分泌大量肾上腺素——他们大喊大叫，说话声音都不是自己的了——我觉得这些人不善于简单的交流，而简单交流是一个主持人应该做的事情。所以，不用担心"嗯嗯啊啊"和说错话——不用担心你的口音——做你自己就好，如果你不是自己，就不能吸引听众，因为他们会知道你是个冒牌货。

> 我认为播音界的常青树通常都是那些你觉得很真实的人。广播仍是一对一的通讯媒体。它不是一个大吵大嚷的媒体，不是胡乱起哄的媒体，也不是用来雄辩的媒体——而是一个一对一交谈的媒体。如果你准备在一位主持人或 DJ 的陪伴下消磨时间，你会想要从他们那儿感觉到一些温暖。如果他们已经为你准备了温暖，你能感受得到。

从这个描述中,可以明显看出主持人的工作不只是在播放音乐的间隙说说话而已。他们说什么和以何种方式说在巩固电台品牌和建立听众联系中都很重要。主持风格和技巧各式各样,但本质上,主持人的角色是电台的观众代表,代表听众广播——成为"就跟我们一样"。很明显,不同的广播风格要求主持人采用不同的技巧,本章将研究各家电台主持人采用的技巧。

建立联系

所有专家都同意的一点是主持人必须与听众联系,而且利用这种联系让听众更加频繁地收听电台。"为了与听众相连,我们下了很大的工夫,"96 特伦特调频的马克·丹尼森说道:

> 我们设法广泛吸引 25～40 岁年龄段的听众,这些听众要付按揭,要养孩子,还要面对孩子们带来的麻烦。你越能引发共鸣,越具地方特色,就越好。简单来说,我们要反映真实生活。就算不是过这种生活,主持人至少得理解。我听说其他电台的主持人失去了这项技能。我觉得人们仍然认为演播室里的 DJ 应该要年轻、时髦、酷一点。从商业广播角度来看,我们应该尽可能包罗万象,尽可能真实。

庆幸的是,现在地方广播和国家广播都有丰富多样的地方口音,但是 BBC 广播培训单位前任主任艾尔温·埃文斯的建议仍然可行。"不要装模作样;你平常的说话方式完全没问题;如果你不是自己,电台是不会让你来广播的。"(1977:20)

不过,在演播室的麦克风前做到真实自然比初看上去要难得多,很多电台在语音培训,尤其是新员工的培训上花了很多时间,这些培训由高级职员或引进的培训课程专家执行。

声音和广播稿

语音培训的目的不是改变主持人的口音,而是帮助他们运用自己的整个音域,这样他们说的话才会清晰,说的时候才会放松、自信。大部分语音培训师会花很多时间教新播音员怎样用横膈膜深呼吸。这个技术实用的原因有两个,第一,深呼吸能防止声音里透出紧张感;第二,深呼吸通常有压低声音的效果,让声音听上去更洪亮、更权威。为了让深呼吸更轻松,许多培训师建议新播音员站在麦克风前,或起码要坐直。蜷缩着坐在麦克风前会让呼吸细弱,经常会导致声音听起来短促尖利。

语音培训师的另一个建议是在广播前,做一些嘴部练习,让肌肉放松,有助于防止说话打结。放松双肩也是有效的,这样你的脖子部位就不会紧张,不会妨碍呼吸和影响声音。

凯特·李是一名广播发音教练,和全国各地的广播电台合作。她解释说:

> 本质上,你的声音就是呼吸,因此呼吸方式会对你的声音产生影响。一个听起来很自然的声音不会让喉咙超负荷,肌肉也不会紧张。呼吸是靠你腹部下方的呼吸肌——主要是横膈膜——支撑。如果你的声音听起来尖细、高调、刺耳、有鼻音或吼声,你的喉咙可能太紧了。如果你的声音听上去沉闷、单调、很小声、紧张或太低沉,你则需要学习如何有计划地使用更多的呼吸。

语音培训可能在帮助播音员认识自己声音的全部潜能上非常有效,但不能取代练习,另外,练习中很重要的一个部分是你应当重复听自己的声音。只有像别人听你的声音一样去听自己的声音,你才会发现声音在什么时候陷入单调,或什么时候听上去太过热情。

来自凯特·李的语音培训技巧

强化下部呼吸肌的锻炼

- 一只手放在胸腔上部,另一只放在肋骨下方。
- 鼻子慢慢吸气,数到 3,同时把肚子里的气全部呼出,别让肩膀耸起。你应该能感觉到胸腔正向外扩张。
- 嘴巴有控制地呼气,数到 6。
- 最后呼气时间延长到 15 下。这可能会花一周左右的时间。
- 你不用一直都像这样呼吸,不过,每天练习深呼吸(躺在床上、看电视、坐火车、上网的时候)能强化呼吸器官,让你更好地控制呼吸。

体力和姿势

说话是个体力活,我们怎样使用身体其他部位会对声音产生影响。为了让声音开阔、放松,我们应该要学会"集中"。就是说让你的腹部成为能量屋,而不是强迫胸腔上部和喉咙来做所有的工作。这些练习都很有帮助。

站直

双脚分开,与臀同宽。感觉重心轻轻落到脚趾上。鼻子深吸一口气,集中到腹部下方。手臂垂在两侧,感觉它们的重量在把你的肩膀往下拉。头部应该平衡,下巴同地板平行。嘴巴慢慢地、有控制地呼气。

坐正

双脚平放在地板上。椅子坐到一半,或者把你的脊柱下方靠在椅背上。不管哪种姿势,背部都应该放松、挺直,头部保持平衡,下巴同地板平行。

放松

设定一套日常动作，让自己放松，尤其是肩膀周围和脖子，因为这些部位容易紧绷。下面是我的日常动作：

甩甩手臂、手掌、双脚和双腿

站直

- 双臂放松垂下，转到右边看向右肩，之后转向左边。双臂放轻松。

- 双臂放松抬起，耸起肩膀靠近耳朵，坚持 5 下，然后重重落下。

- 双臂放松下垂，双肩缓慢画圆，先向前再往后。感觉到紧绷感消失了。

音域

一个有魅力的说话者会使用大范围的音域。下面这些简单的练习能帮你拓展音域。

三个音域

简而言之，我们发音使用三个主要部位——头部、喉咙和胸腔——产生共鸣。目标是用你的"魔力三角"区说话。想象画一个三角形，顶点在你的鼻梁上，底点在胸腔上部。这是你在广播时声音应该穿过的音域范围。

有一个练习能帮到你。在你的整个音域中任选一处发声。发出"哼"的声音，坚持 6 下。一开始小点声，然后音量提高，最后降回去。每次做 6 组。感觉一下声音是从哪发出的。

滑音

发出汽笛一样"嗯"的滑音，让声音穿过音域。从顶到底，再从底到顶。中间你可能会听到低沉沙哑的声音，不过最后应该会流畅。每天练几次（洗澡时就是一个练习的好时间）。

放松高音调

我们都有一个不同的最适宜（自然）音调，可是紧张感能轻易把声音提高几个音符。提高音调是为声音提供能量的权宜之计，但却不是一个好方法。如果你觉得广播时的声音比平时说话的声音要高，就得在广播前将你的声音找到并且"放好"。大家好像一致同意发出"嗯……唔……"的声音。这样能显示出你自然的音调高低。然后用同一个音调说"你好，哈利"。保持这个音调，用这个调来广播。你需要练习，而且要求横膈膜肌用更多的呼吸力来取代喉部力量。

改善单调、沉闷的声音

你需要再一次学习用横膈膜调节呼吸。这会让人觉得你更加努力。确实也是如此！你会慢慢习惯的。

缓解下巴紧绷

紧绷的下巴除了会引发头痛外，还会减弱口腔共鸣，把声音推进头部。有三种方式可以放松下巴：

• 下巴朝一个方向轻轻画弧，之后反过来。感受关节在轻轻地施力。然后，想象你在嚼一块太妃糖，这一次也要轻轻的，因为关节很脆弱。适时发出"嗨"的声音，好像很好吃的样子。

• 稍稍睁大眼睛，按摩关节部位，放松下巴。

• 舌尖顶到硬腭——用力顶。坚持 5 下。放松。

不过，就像艾尔温·埃文斯强调的那样，广播最重要的是坚持正确的态度。"听众应该觉得广播是在跟自己进行私人对话。只有播音员觉得自己是在跟一个特定的个人聊天时，这种感觉才会出现"（1977：20）。像在大多数音乐电台，主持人不念稿子的时候,这一点比较容易做到,但是,这对于语音节目也很重要。

那么,为什么还要为稿子费心呢?如果主持人借助几个要点来简单地谈论话题,听上去不是应该更好么?理论上说,这样做可能会更好,而且一些有经验的播音员也正是这么做的。但实际上,对大多数语音节目来说,准备广播稿理由充分。

首先,广播直播时,广播稿能帮主持人缓解一些压力。直播节目中,主持人压力够大了——驱动工作台、链接插件、照顾演播室嘉宾或线上采访、注意时间——此外,还要就脑中各话题有条不紊地说话。稿子能让他们安心,知道接下来要说什么,可以把注意力集中到说话的方式上。很多播音员甚至会写出节目介绍:"早上好,欢迎收听我们的节目——我是约翰·史密斯,今天我们将要……"这么做不是因为他们不知道自己叫什么名字或者节目要说什么,而是因为写下来的话他们就不用记了,就能把精力集中到语言表达上,保证语言顺畅。

广播稿也能保证主持人在规定时间内以合乎逻辑的方式覆盖所有要点。设想一下,你努力做一个刚好两分钟的电影评论——很有可能,要么在你说完所有想要表达的观点之前,时间就用完了;要么你用一分半钟就把电影评论完了,之后三十秒只好闲扯了。广播稿能保证节目时长精准,而且评论能以一个有趣的方式展开。

下文将详细说明,为听众写作和为读者写作是不同的。广播稿的语调应该是对话性的、放松的,要省略动词让行文更加顺畅。语句应该简洁明了,尽量少用标点。事实上,一些播音员写广播稿时更喜欢列出一系列词组,他们说对话的句子很少有完整的,而且连贯的短语能给稿子更多"生机"。不管怎样,在把事实均匀分布到稿中的前提下,使用的语言应当通俗易懂,不应正式。最重要的一点,主持人必须对自己说的内容感兴趣,否则,吸引听众的希望不大。

例如,将下文链接至 2008 年 8 月 8 日 BBC 广播 4 台珍妮·默里主持的《女性时光》节目的直播访问中:

现在是 2006 年年初，小说家莉亚·米尔斯去看牙医。脸上有一个肿块很疼，她很担心。结果——她得了口腔癌，得做根治性手术，修复下巴。整个过程中，她坚持写日记，后来日记出版成书，书名《咄咄逼人》，她在都柏林加入了我们……莉亚——你最先发现的是什么症状呢？

这个链接的语调是谈话性质的，句子很短，能让听众轻松获取信息。"现在"、"结果"这些关联词的使用把听众吸引到这个故事中，让介绍听起来不那么正式。虽然时长只有 25 秒，但提供了足够多的信息来激起听众兴趣，没有带来困扰，而且第一个问题直奔主题。类似《女性时光》的节目在这种类型的链接上做得非常好。没有多余信息，风格轻松，而且主持人的说话方式好像是在直接和你对话。

广播写作

广播写作的关键原则是写出的报道不是用来阅读的，而是用来说的——经常是由作者之外的某个人说的——和听的。不过，将这条原则付诸实践比想象要难得多，因为广播写作得像说话一样，要放弃很多我们从小就开始学习的写作"规则"。我们应该要关注报道听上去怎么样，而不是在纸上看起来怎样。

像罗伯特·麦克利什指出的那样，"在纸上写字是一种非常粗糙的保存方式"（1988：48），书面文字虽然能传递信息，但却无法传达全部的意义。应该要强调什么？在哪停顿？要以什么速度阅读？报道是什么语调？例如，简单的一句陈述句"我现在要出去"，不同的诉说方式能传达不同含义。"我现在要出去"，"我现在要出去"，"我现在要出去"，等等。如果大声朗读这些句子，你能听出每一句怎样微妙地传达了不同的含义。

如前所述，广播的优势之一是同个人对话，而且是以跟他们聊天的方式，不是朗读的方式。也就是说，无论广播上说的是什么——不管是杂志节目、影评的链接，或者甚至是新闻报道的音频——听起来都应该像是来自说话者脑中——几乎就像是对话的一部分——而不是有人在念什么东西。虽然强调特定词语和表达技巧对这个过程有帮助,但广播稿的写作方式也很重要。

为了让广播稿具有对话性,一个很好的出发点是把你的谈话对象——电台听众的典型代表具体化。虽然听众可能会比你年幼或年长,但本质上,他们和你是处在同一层面上的,因此没有必要改变平时的语言风格,设法让他们对你的词汇印象深刻,或者采用一种过分简单的方式以显得你高人一等。例如,为一家 BBC 地方广播听众写影评时,你要想想要怎样把这个影评讲给妈妈听。而在为 ILR(独立地方电台)写演唱会回顾时,想想你会怎样跟朋友讨论这个乐队。

把谈话对象具体化也有助于提醒你,虽然有大量听众在听你说话,但每一位听众都是作为个体在听。如盖伊·斯达克所说:"广播的相对亲密度——个人经常在工作、旅行时收听,或是独自一人时一直在听——让播音员能和听众交流,好像是亲自跟他们说话一样。"(2004:69)和个人联系的一个方式是把他们囊括进你说的话中。这点可以通过提到"我们"和"咱"来实现,不要用太没人情味的"听众"或"观众"。比如说,影评开头你可能会说"这部电影让我们多数人享受了一个美好的夜晚",而关于圣诞购物报道则能以这个句子开头,"我们大家都知道圣诞节很贵"。这样就能立刻把听众带进去,帮助他们建立起和故事的联系。

知道自己是在和谁说话以后,接下来要做的事情就是想出要说什么。尽管广播写作是对话性的,但和对话是不同的,听你说话的人没有机会要求你重复刚刚说过的话,也不能询问他们没怎么弄懂的事情。因此,你的稿子要符合逻辑,广播的速度要和稿中信息分布的节奏一致,不能全堆在中间,这一点很重要。决定你要说的要点之后,再看看各个论点怎样以一种合理的方式联系在一起。

你的第一句话极其重要。这是吸引听众注意的"诱饵"。没有必要逐步导入话题。第一句话应该引人入胜,但也要有相关性,然后第二句要提供更多细节说明将要讨论的话题,为第一句提供支持。一句话里面不要包含太多信息:一般规则是每句话一个观点,并且和下一句要有逻辑联系。要记得你不只是在提供信息——而是在讲故事，得让听众跟上你的每一步。

最好的稿子能让听众想象出你描绘的事物。太多事实集中在一起会带来疑惑，而非图像，所以要把信息分隔开，同时提供能解释事实的具体意象。例如，不要给出实际尺寸，反而在描述时拿足球场的尺寸去作参照，让大部分人都能想象到。BBC 记者西蒙·福特有一些很有用的对比（如下）：

大笨钟的高度	320 英尺
足球场的长、宽	长：最少 90 米（100 码） 最多 120 米（130 码） 宽：最少 45 米（50 码） 最多 90 米（100 码）
网球场的面积	2,808 平方英尺或 260,872 平方米
地球周长	24,900.8 英里（40,074 千米）
珠穆朗玛峰海拔	29,035 英尺（8,850 米）
金字塔历史	5,200 年
	（福特 2007:93）

你还得小心使用缩略词和首字母。只有很少的缩略词是人尽皆知或大部分人能马上理解的。所以，虽然提到 BBC 或 AIDS（艾滋）时，可以不拼出来，但你第一次用其他的缩略词时应该解释清楚。比如，第一次提到全国记者工会（NUJ）时，你可以说"记者公会 NUJ……"，这样下一次用 NUJ 的话，大家都知道说的是什么了。同样，第一次提到稿子中的某个人，你得解释这个人是谁或指出他是干什么的。永远不要以为因为你知道他们是谁，其他人也都知道。比如，你可能会说"电影导演蒂姆·波顿"或"市议会议长蒂姆·富尔布莱特"。

广播写作中，使用的语言也能让稿子听上去更像对话。要用日常用语，避免文学或学术语言。语言要简洁、直接，你得确保为术语提供解释。例如，介绍一个新的体育馆时，最好说"这个体育馆建在一个旧的儿童乐园上"，不要说"体育馆矗立在一块前儿童娱乐区上"。

你的语言应该通俗——不是说和俗话或俚语一样，而是说听上去得跟平常说话一样。可以的话，要省略动词把"它就是"变成"它是"，"将不会"变成"不会"。但如果你需要特别强调的话,也可以回复到完整的形式:"戈登·布朗说他将不会让步",而不是"戈登·布朗说他不会让步"。

演讲一般也会使用结构简单的短句。短句既便于理解,也易于朗读。例如,"这条裙子以前为流行歌手麦当娜所有,是斯特拉·麦卡特尼设计的,在大火中被烧毁了"比"大火中烧毁的裙子是流行歌手麦当娜的。裙子是斯特拉·麦卡特尼设计的"要难理解得多。另外,后一句听上去也更自然。

要保证你的写作和说话一样,最好的方法是把要写的故事大声讲出来,然后记下你说的内容。写完后,你可以不断整理稿子,让它更加优美,这比先写下来,再做改动好让它听上去更像对话要有效得多。大声朗读稿子也能帮你避免舌头打结,或使用可能会感觉发音很怪的单词。默读是不够的:默读的时候,稿子听上去总是完美的。

广播稿应该要罗列得尽可能清楚。用很大的字体,双倍行距,这样任何细小的改动都能做,也不会把稿子弄得难以辨认。句子不应延到下一页,段落也不要分到不同页。现在很多电台都是看屏幕读稿,不再使用纸质副本,不过,这个建议对于屏幕和纸质版本是同样重要的。

你写的很多东西是由别人来念的,因此,为了帮他们准确理解你写的内容,要使用清晰的标点符号。写稿时不要只用大写字母,读者会很难看出下一句从哪开始,或者什么时候用了"专有"名称。按惯例,少用标点更好。破折号比分号更易理解,另外,一个标上很多逗号的句子截成几个短句的话通常会更好。

广播稿中,数字的处理可能会有点复杂,最安全的方法就是完整地写出来——特别是 6 位以上的。眼睛很容易忽略一个 0,所以,不要写"超过 2,000,000£",要写成"超过两百万英镑"。BBC 记者西蒙·福特承认,广播写作面临的一个挑战是怎样以听众能够想象的方式明确表达出大笔的钱。他说,"通常一个表达多位数的有效方法是把它们和普通数字——一条面包或一瓶啤酒的价格——作对比"(福特 2007:94)。如果稿子开头就把数字四舍五入成整数,之后再给出更多细节的话,理解起来就简单多了。例如,要说"我们将近一半的人每年都会出国度假",而不是"48%的人每年都会出国度假"。

如果你写的稿子很复杂的话,不要害怕重复你的观点,只是要找一个不同的方式来表达。例如,可以用"这就是说……"或"实际上,这意味着……"这样的短语,然后再为你的观点给出更完整的解释。

最后,广播稿应该有明确的结束语,不能光停住不说了。就像第一句话要激起听众兴趣一样,最后一句要让他们深思。最后一句能够以提出发人深省的问题或论点的方式,能简洁地为节目收尾。理想的话,稿子结尾应该在某种意义上照应开头,让听众想起刚刚说过的所有内容。应避免老生常谈的措辞,像"只有时间会证明"这样的话语会让稿子悬而未决。广播稿的开头和结尾是最重要的部分,也是大多数人会记住的部分。

"优秀"主持人

跟广播电台的定义一样,"优秀"主持人的定义可能也有很多。每家电台都想要能够强化品牌价值的主持人:换句话说,他们反映出的个性应该与电台目标听众的个性相连。广播 1 台执行制作人皮尔斯·布拉德福德称,就是这种联系能保证听众以后会更加频繁地收听电台:

> 人们不只把主持人当做大明星,有时还会把他们当成自己的朋友。这个大明星正在告诉他们地板有泄漏、中央供暖坏掉了要怎么办,可事实上,他们的生活是一个噩梦,室友正在生生他们的气……这些发生在广播 1 台主持人身上的事情也同样发生在听众身上,因此光看看这类故事就意味着听众对我们所说的也深有感触。我觉得主持人真实的声音是绝对关键,是能把我们和竞争对手区别开的特征之一。我们说的话也能在很大程度上反映这个事实。我们不只是一家音乐电台——还有望提供娱乐。

广播电台都很重视这些技能。BBC 所有的地方广播电台也是一样,诺丁汉广播的目标听众年纪较大,编辑索菲亚·斯图尔特称听众要与主持人产生共鸣:

听众应该要知道主持人有生活经验，很热情、体贴，对这个地区有所了解——虽然他们不是来自这个地区——他们不一定要来自这个地区，只需对其有所了解——他们能吸引听众，让听众对广播感兴趣，想要多听一点，然后人们开始走向他们，觉得自己遇到了可靠的伙伴。

虽然听上去主持人好像只是打开了麦克风后开始唠叨，实际上，无论是基于语音还是音乐，每个广播节目都需要很多的准备：

我从两个方面做准备——我想就跟有两张纸一样吧。一方面，列出我发现的永恒不变的道理，或者小孩子说的傻话，或者是发生过的事情，这些内容我能在任何一天播报。然后，另外一张纸上纯粹是今天要说的——新闻里提到的或是特定时间点发生的事情。通常，你最后会准备两张写满材料的纸，不过只会使用其中的一部分。（马克·丹尼森，96 特伦特调频）

广播节目的准备很重要。主持人不仅要花很多时间关注新闻里发生的事情，也得熟悉音乐圈、体育，甚至还有肥皂剧和其他流行的电视节目。商业电台的主持人还要适应特定时段的广告和促销信息。不过，通常节目的时间安排表意味着，每小时主持人只有几个时间点能使用自己的材料。

国家和大型商业电台的主打节目都是在制作人的帮助下完成的。制作人的工作包括安排节目、安顿嘉宾、组织合适的比赛、琢磨特色以及确保一切配合顺畅。BBC 广播 2 台和音乐 6 台总编安东尼·贝勒科姆说制作人是广播中最具创造性也是责任最重的职务：

以 BBC 为例，从节目编辑上看，对节目负责的不是主持人，而是制作人。要是广播中出了什么错，要是编辑有误——如果直播节目中主持人说错话，那不要紧——都是制作人的责任。因此，制作人责任重大，但同时也有很棒的创作机会，能用这些原材料制成一些特别的事物。

所以，尽管主持人站在广播电台的第一线，节目背后其实有一整个团队。节目总监、制作人或编辑一般会在节目录完之后开一个"剖析"会，看看哪些方面做得好，哪些还能再改进。作为电台代言人，主持人还要参加电台推广活动、参观中小学或大学、主持义卖会开幕式以及会见社区团体。小型电台的主持人也要为其他节目出力，准备社区新闻或提供建议。

广播的团队合作吸引了很多人，而且正如下文广播 1 台的介绍中体现的那样，广播节目产出只是一家成功的广播电台的一部分。

广播 1 台麦克风的背后

虽然广播 1 台在 2007 年 9 月庆祝了自己 40 岁的生日，但对于年轻人来说，它仍是英国广播电台的领头羊。正如广播 1 台节目总监本·库珀所说，"以前我们的目标听众年龄层是 15 到 25 岁，不过我认为实际上是 10～29 岁。"跟我们之前讨论过的一样，这个年龄群是出了名的难以取悦，尤其现在还面临着其他媒体的竞争，就像本·库珀解释的那样：

> 我认为我们主要的竞争不是来自其他广播台，而是年轻人管理时间的方式——这才是我们主要的竞争对手。不管人们讨论的是某家广播电台还是电视频道——实际上，年轻人如何管理时间才是一切。如果你是一个年轻人，生活很忙碌，你还会玩游戏、看电视、上网、听播客、登陆 MySpace 么？这些事情，很多年轻人试图同时做好几件，因此，你就得确保自己是他们生活中的一部分，与他们的生活相关。所以，你制作节目内容的方式必须能让他们买账，让他们喜欢。

于是，广播电台只在 FM 上广播，还期待听众会乖乖地在广播公司设定的时间打开收音机已经行不通了。"如今，无论他们在哪，我们都得把节目搬到他们面前"，广播 1 台和 X1 台的营销总监詹姆斯·伍德说，"我们的工作是把广播 1 台当做一个视觉品牌来宣传。我们必须研究年轻人感兴趣和喜爱的内容，之后再把自己呈现在他们面前。"

就像广播 1 台互动节目内容制作人安迪·普勒斯顿解释的一样："听起来不错已经不够了——得看看我们听上去怎样，要把广播 1 台具体化为一个品牌，网站是第一个接触点。"跟大多数广播网站一样，广播 1 台网站上也有电台信息、节目、DJ 和音乐。只是，对于广播 1 台来说，网站对吸引听众很重要：

> 我们 10～29 岁听众群中较为年幼的那些已经懂事了，知道怎样快速进入互联网。他们长大了，需要的时候，知道怎样使用和分享媒体。你看看 MSN 消息、YouTube 和 MySpace 这类网站，差不多就是进入那个世界的密码，而且也是年轻人一直习惯用的网站，不过使用方式可能会和大部分 21 岁以上的人有所不同，我们必须保证节目内容也存在于那个世界中。（本·库珀，广播 1 台节目总监）

所以说，网站为广播 1 台的听众提供了额外服务，同时也通过一种比 FM 的 RAJAR 数据精确得多的方式说明流行趋势，从而帮助电台安排节目，而 RAJAR 只能利用清点阅读某个页面的人数和花在页面上的时间来说明。正如安迪·普勒斯顿解释的那样，人们登陆广播 1 台网站的动机可能是音乐，可是，为了保持竞争力，除了新音乐，网站必须提供更多：

> 音乐之外的内容是我们广播公司的关键。广播 1 台不是点唱机服务——我们不只播放音乐。音乐之间的内容才是广播 1 台的关键——在市场中，就是这给了我们优势。我们很幸运地能够享誉盛名，也就是说能吸引最有才能的人。从广播来看，在音乐供应方面，我们非常强势。但是，我们处在一个竞争环境，有时竞争激烈到难以置信。广播 1 台网站要与 MySpace、最后的调频、iTunes、柠檬线这些网站竞争——都是音乐和内容供应商中的大品牌。
>
> 某种程度来说，我们的年轻听众用音乐来定义自己。我想大概 24 岁

或 25 岁之前,你没有值得一提的事业,没有什么实际意义上的财富,一般也不会有很多钱。于是,你往往会通过听的音乐来定义自己,而这通常会决定你的穿着方式、和谁一起出去玩、到哪里去、说些什么……因此,有时关于音乐的对话几乎和音乐本身一样重要。我们得促成听众和电台人才的对话,如果顺利的话,会变成一场亲密无间的对话。我们利用技术获得听众互动、反馈和指导,之后这些会对广播产生影响,再回归到对话中去找寻下一步该去往哪里。

我们学会怎样报道事件,通过研究以前的报道统计以及分析哪些内容关注度最高来判断人们喜欢什么,或者研究关注度最低的,然后予以放弃,这样我们就能根据数据,决定事件的报道方式。

广播 1 台还认识到在尽可能多的不同平台上吸引听众很重要,因此,除了在自家网站上传视频片段,他们还经常把视频上传至社交网站,比如说 YouTube、MySpace、Facebook 和 iTunes。

当前,广泛流传的术语是原子化,意思是把广播节目压缩至 5~20 分钟或者半个小时,然后用我们刚刚提过的所有网站(MySpace、Beebo、iTunes、Facebook)尽可能将其推广,以此传送我们的节目,而不只是通过发射器。

如果有人愿意在"bbc.co.uk"和 FM 之外的地方收听你的节目 5~10 分钟,那你之后仍能获得这些听众。无论你在哪里,无论你怎样出现在他们面前,仍然能吸引他们。如果只是因为我们网站上有些东西没人关注,就没有人点击"bbc.co.uk"的话,没关系。我们做任何事情的时候,都应有为第三方网站制作的特定艺术家的内容,这些内容一直要附带标志和回到我们网站的链接,这样如果人们想要源内容的话,就能找到。

最有价值的是关注——这是所有媒体人都在追求的——人们的关注。要保留和维持听众的关注,一旦获取,就不再放手。(安迪·普勒斯顿,广播 1 台互动节目内容制作人)

吸引听众

跟所有广播电台一样，广播 1 台的底线是了解听众——这是电台花费很多时间和精力试图弄清楚的事情。皮尔斯·布拉德福德是广播 1 台创意计划的一名执行制作人，这项计划负责电台一整年要用的特色专题节目。其中一些是能立刻激发听众兴趣的大事件，比如说 2006 年的世界杯或格拉斯顿伯里音乐节这样的节日。其他可能还有广播 1 台办的活动，比如说大周末音乐节。不过，最成功的项目有的来自制作人所开发的创意，如 2007 年奥斯卡颁奖典礼前夜举行的大周末电影节。这一天，节目表被取消，取而代之的是广播 1 台的 6 名 DJ 一起做的一个长达一个小时的节目，让他们最爱的电影在布拉德福德的国家传媒博物馆直播，使得广播 1 台的听众也成为了电影的观众。皮尔斯对广播 1 台创意过程的工作原理作了解释：

我们每年的 10 或 12 个活动每个都配有一名项目负责人。他们是从事这个项目的制作人，要将其与自己的日常工作生活相协调。也就是说他们得有动力投入更多的时间，不管怎么说，这份工作要求很高。

他们确定为一个项目负责之后，我会为他们提供一套可循的固定程序。所有这些项目的出发点都是听众的领悟。这领悟有多种来源，主要的是直接到他们生活的环境中去，跟年轻听众和没有收听节目的人交谈。于是，他们从伦敦出发去往全国各地，到达一处有年轻人的地方——通常是购物中心——坐下来，跟他们聊聊，不管话题是什么。要是电影的话，就概括出年轻人如何欣赏电影、观影体验是什么、最喜爱的电影是哪部的总体情况，设法进行深度探讨，看看到底发生了什么，有没有我们能称之为领悟的普遍真理，当你看到这个领悟后会说："哦，是的——言之有理！"

关于电影，我们得到的深刻领悟是——"是朋友推荐的，而不是媒体操控的"。于是，跟那些人交谈之后，我们想"他们是从哪了解到电影的？"他们不是从广播里听来的，当然也不是从乔纳森·罗斯的电视节目里看来的，他们不看帝国杂志，而且事实上，似乎对"本周上映的大片和我们本周应该去看"的言论有些反感。他们跟我们说可能会在电影上映两到三周之后再去看，因为到那时，不少朋友都已看过，如果值得一看的话会告诉他们，或者可能会等 DVD 版本的发行，因为朋友们说电影不错，但是还是等 DVD 版好了——媒体业内不会有人跟你说这些——这就是我们开始发现的领悟。

得知这个领悟之后，我们立刻召开了一次头脑风暴会议。会议的差异很大，不过，我鼓励制作人去做的一件事就是让他们真正意义上做到大胆创意——找特邀发言人，在奇怪的地方录节目……帮大家抛开正常的思维方式，摆脱我们上次做节目的思考方式。

如果我们只是想想——我们能做什么——的话，那周末电影节永远都不会举行。让我们把电影票送给总理吧。那是媒体操控的。我们得从另一个角度思考。

整个过程——收集听众领悟——头脑风暴——之后，我们把其中一些思想加以浓缩，提炼出精华，拿出一些，舍弃另一些，然后，在创意例会上，执行制作人给他们（项目负责人）一些指导。有时，可能是一些现状核查，有人可能会说这很好，但我们永远都支付不起，或许还会有人说这很棒，因为我碰巧知道我们能结合 BBC 2 台的电影季，诸如此类。随后，我们把它带到所谓的聚集地，在这里我们把想法变成策略，看看怎样才能让它在广播中起效。实用性如何，视觉产品是什么，我们能在线做些什么？我们设法让一切都能从多平台进入。

在聚集地，我们反复讨论实用性——哪些有用，哪些没用——然后将其置入切实可行的提案中。到那时，我们回来开个会，之后我会设法鼓励项目负责人使用一种称作"电梯游说"的策略。这是一个来自美国电影制片厂的理念——你和制片厂主任一起乘上电梯，到达 16 楼之前你有足够的时间说"我有一个很棒的主意，将会震撼你的世界"。对此，有一个固定模式，就是说一开始要抛出一个能吸引他们兴趣的诱饵，然后解释听众需要什么，你的理念是什么，结尾处说一些激动人心的话来呼吁人们行动。所以，负责人推荐某个理念后，房间里每个人依次发言，提出喜欢什么，不喜欢什么，怎样做会更好。其他时间，我们会把大家分成两人一组，让他们讨论利与弊，最后把提要汇报上来。我们得经常开这些会议。创意会议有一个大口号，因为一旦成为例行公事，人们会对创意疲乏，所以，我们必须尽量保证创意过程是新鲜出炉的。

听众领悟——头脑风暴——反馈——聚集地——更多反馈——然后广播播送——再回顾。回顾很重要，我们要确保所有想法和行动都已详细写出并保存，这样将来会起作用。

大周末电影节是广播1台创意项目的经典案例，而且在我看来，开展得非常好。最终结果是我们想出的一些创新性主意——广播电台推广视觉媒体——真的很管用！

广播1台研究听众和听众品味的水平令人印象深刻。制作人离开常规节目一周的时间，被派往英国各地去找寻关于听众想要什么的第一手资料：

为了保证不是以伦敦为中心，我们很努力地工作。我们设法广泛代表英国年轻人，而不是那些住在卡姆登，每周看《新音乐快递》（NME）的人。

制作人白天都在街上跟人交流，晚上开始访问三个人，这三个人都是我们的目标听众，制作人只是探讨他们生活的各方面问题，跟他们聊天，深入分析他们怎样看待广播1台，如何收听广播1台，对广播1台了解多少。他们中有些人甚至不听广播1台——那是怎样发现新音乐的呢？

制作人只是调查听众的收听习惯，然后返回，有三天的时间来消化这些信息，提出见解，集思广益，推广自己的理念并加以完善。

做听众研究的不是只有制作人。很多主持人、DJ也会以各种形式研究。不是只有我们的专业舞蹈DJ研究俱乐部晚上的活动。斯科特·米尔斯和伊迪丝·鲍曼研究演奏会这类活动，花时间跟人聊天，调查这些人生活中发生的事情和烦扰。

　　每天我们的日间节目和邮件都能收到 2000～3000 条短信。这些都是很好的领悟。（皮尔斯·布拉德福德,执行制作人,创意项目）

广播 1 台和 BBC

　　当然,广播 1 台是英国最大的广播机构——BBC 的一部分,正因如此,也可以被看作是公司的一部分。但是,不留情面的主持人,前沿的音乐和为节目创造性地使用不同平台,这些使得广播 1 台的形象和公司其他电台稍微有些偏差。"我觉得听众经常不把广播 1 台当成 BBC 的一部分,"安迪·普勒斯顿说,"我认为 1 台的品牌非常独特,人们觉得它和 BBC 其他电台不同。我们就像是公司里淘气的少年,不过确实应该如此,因为我们就是为年轻人做节目的。"

　　然而,没被当成 BBC 的一部分也有不利的地方,BBC 2006—2007 年度报告指出,63％收听广播 1 台的 15～29 岁听众从不收听 BBC 其他任何广播服务。（2006—2007:20）

　　尽管如此,广播 1 台仍符合瑞希安"提供信息、教育和娱乐"的信条,尤其是利用新闻服务——新闻直播间,就像本·库珀解释的那样:

　　　　对广播 1 台来说,新闻直播间很重要,它以一种让年轻人感觉舒服的方式播报新闻。他们能信任它,它也不会用居高临下的语气跟他们说话。新闻以他们能够获知和理解的方式播报。对 BBC 来说,广播 1 台的新闻直播间节目非常重要,因为如果你着眼年轻人获取新闻的方式,你会发现这可能是他们唯一获取深入报道并得到一定程度理解的地方。

　　广播 1 台的名气还来自他们举办的各种活动,从性病到如何对待考试压力无所不包。

　　　　如果你看了我们做过的一些活动,会发现这些活动都是为了传达关于非常敏感，有时又很艰涩的话题的重要信息，这一点尤为重要。这是我们作为公共服务广播公司角色的一部分，我们应该要做到这些，并且和卫生局或慈善机构合作，把重要的信息传达给年轻人，而且是以一种可靠的方式传递，我觉得广播1台在这点上做得很好。它不是一个穿着运动鞋的牧师——是能以一种独特的方式传道，就是说，人们信任我们，我们也不会摆出高他们一等的派头。如果人们想吸毒的话，就会去吸，可是我们会告诉他们这些毒品会对他们产生什么影响，会有什么副作用，可能会怎样影响他们的生活以及和朋友间的社会关系，诸如此类。我们提供建议，帮助他们做出明智的决定。（本·库珀，广播1台节目总监）

不过，广播1台本质上是一家音乐电台，音乐占据了舞台的中心。为此，电台得保证报道大型直播节目，并将这些节目带给那些可能不能去亲身体验的人。"直播节目对我们来说很重要，有助于把我们和听众联系在一起"，本·库珀这样说道：

最近做的一些研究表明人们喜欢听欢呼声。出于某种原因，你会联想到那种在演奏会、节日的帐篷或旷野里看乐队或DJ表演的感觉，人们能很快联系到这种欢快的感觉。因此，现场音乐和新音乐是广播1台工作的核心：是我们品牌的核心本质，因此，到户外，到一个能让听众欣赏现场音乐的地方对我们来说非常重要。我们以这种方式跟听众见面，看他们喜欢什么，然后播放乐队和DJ创作的音乐。（本·库珀，广播1台节目总监）

安迪·普勒斯顿也同意这个观点，他说电台旨在让事件的直播报道尽量接近现场体验，不管是伊比莎岛的直播节目还是大周末音乐节：

我们报道事件的一个准则是你应该能够登录网站，吸收消化，和某个确实在场的人交谈，最后能以一种好像真的去过的架势谈论，感觉你好像有类似的经历。

提供这种类型的服务是另一方面。要让不能去伊比莎岛的人知道我们在那儿做了什么,这样他们至少能感觉自己是其中的一部分。他们听节目,看图片,看电影,听音乐。(安迪·普勒斯顿,内容制作人,广播 1 台互动节目)

未来

1967 年,广播 1 台开办时,收听节目的唯一方式是用传统收音机接收信号不稳的 AM 频率。"现在我能从无数个平台获取广播 1 台的节目,我觉得这是一种思维方式,"詹姆斯·伍德说道,"我们还是广播,他们还是收听我们的节目,只不过是在不同的平台上。我们把节目重新包装,不再只管它叫广播。"本·库珀认为这种广播仍在发展,但总会有一个位置留给"传统"广播。

早餐和开车时间节目仍然很重要,但是为了你的大批广播听众,FM 广播里两者的氛围会有所不同,可能是日间和夜间的对抗,或者是早间节目和睡前节目。不过你也能听大名人的节目——提供娱乐和新音乐——然后能听特定类型的节目,你可以说——"嗯,他们为什么要播两个或三个小时的节目"。如果他们有一个特定类型,当周,你只想播放该类型里最好的音乐,可能播 20 到 45 分钟,又或许我们应该每周区别开。有了这些,节目就无关紧要了,大部分听众会使用再听一遍服务。如果获得授权的话还能有播客,或者把它们剪辑好上传到网上。可能一个节目你只会挑选一个采访或一首歌曲,然后制成人们眼中的传统广播片段,只不过是放到网上,这样他们就能下载到自己的 MP3 或手机,诸如此类的装备上。人们能从广播上收听到的大型节目不会改变太多,但特定类型节目和专门节目则会发生巨变,伴随着引进一个在线直播视觉因素的理念,能够在某种程度上巩固 FM 广播。(本·库珀,广播 1 台节目总监)

1967 年，新型广播电台的一个主要功能是吸引年轻人，让他们觉得 BBC 与自己相关联。如今，这仍是广播 1 台的工作，无论是通过传统收音机，还是手机、网络或者甚至是一个虚拟的世界环境，就像詹姆斯·伍德解释的那样：

广播 1 台的工作是吸引年轻人收听 BBC——我觉得我们是管道——如果你喜欢，也可以说是一根红线。他们离电视和其他媒体越来越远，所以我认为广播 1 台的工作是通过播报克里斯·莫伊尔斯、广播 1 台大周末音乐节、伊比莎直播节目，让年轻的英国人再一次对 BBC 感兴趣。之后，他们就会来收听我们的节目，我们会告知他们 BBC 做的其他事情——BBC 3 号台——X 1 台——亚洲网——BBC 1 台的大剧和其他与他们相关的节目。我觉得我们是诱饵——用我们来钓年轻人——把他们带进来，说我们还有其他的节目。（詹姆斯·伍德，广播 1 台和 X1 台营销总监）

第六章 新闻的地位

生活在一个多媒体的世界里,意味着利用网络和 24 小时滚动新闻频道,新闻的获取比以往任何时候都要方便。但人们可能还是会说广播的即时性使其非常适合为听众传播新闻,无论是以新闻快讯的形式报道一个突发事件,通过主持人闲聊来报道最近的名人新闻,比如说把名人八卦当做热线或谈话节目的话题;还是以常规的定期新闻公告或杂志节目的形式。所有的新闻都套上各种包装——从严肃的经济分析到名人八卦——是电台声音的重要组成部分,而且采用的方式能在很大程度上反映电台的品牌价值。本章将研究不同广播电台使用新闻的方式,如何选择新闻,组成新闻节目和公告的成分是哪些。结尾处简要分析了两家电台的新闻公告,展示不同电台为迎合目标听众怎样创造出一个不同的"世界"。

讨论广播新闻时,大部分人想到的是每小时开头或结尾处的传统新闻公告,时长从 60 秒到 5 分钟不等。此外,还有已经成型的新闻杂志节目,例如BBC 广播 4 台的《今日》、《同一个世界》和《午后时光》。但是,无论电台是基于语音还是音乐,新闻——最宽泛的定义——在所有广播电台的节目产出中都扮演着一个重要的角色。音乐电台主持人要了解世界上正在发生什么事,不管是音乐圈的最新八卦还是人们正在谈论的地方事件,因为这些事可能会对听众产生影响。多亏了短信、邮件和博客,所有电台的主持人都能利用新闻和互动,让听众通过在广播中宣读新闻为电台做贡献而觉得自己是电台的一部分,同时也引发更多的回应。

当然,电台还是要选择适合听众的新闻,广播新闻评论家说电台的选择导致新闻变成了娱乐。不过,让新闻符合特定听众群是报业惯例,大多数人通过挑选某个新闻产品来选择自己想要了解的新闻。那些想获取国内外新闻的深入信息和分析的人会去听 BBC 广播 4 台或 5 号直播台,而更喜欢简短的、与本地区事件相关的头版标题的人,最可能的选择还是地方或地区商业电台,就像诺丁汉 96 特伦特调频的新闻编辑路易斯·思科瑞姆肖解释的那样:

> 新闻给了我们超越主要竞争对手——不是说诺丁汉广播或心灵调频——的优势,我们直接跟 BBC 广播 1 台和 2 台争听众。我们通过发布与地方新闻相关性很高的公告,为听众提供了其他电台提供不了的东西。我们喜欢播报那种与地方利益有很大关联并且能影响很大一部分听众的新闻报道。

大部分人认为广播在传播突发新闻报道上做得最好。与电视节目相比,广播节目更容易为播送新闻快讯而中断,报纸报道的则是已经发生过的,而不是正在发生的事情。

然而,作为一种新闻媒体,广播也有限制。就像罗伯特·麦克利什指出的,一则 10 分钟的新闻公告相当于一个半专栏的印刷新闻,大部分报纸会刊登 30～40 个专栏的新闻副本,所以说,新闻公告传递的信息量要比报纸少得多。因此,广播经常被看成新闻解说员,尤其是音乐电台,正式的新闻产出被压缩进每小时的头几分钟内。跟史蒂芬·巴纳德评论的一样,"通常,分析立场和语境意义都只好让给其他媒体"(2000:148)。

不过,就算是新闻公告很短的电台也能利用网站提供更多信息或分析来弥补这一局限,96 特伦特调频的路易斯·思科瑞姆肖认为:

网站非常重要，而且越来越重要。线上新闻的发展很好地记录了下来，人们开始利用网络获取新闻，网络让他们想看新闻的时候就能看到，尤其是在办公室里——他们会在这儿上网看新闻。把材料传到网上，能让你提供比 3 分钟的公告更深入的信息或细节，这真的很棒。

通过利用现实状况：像汽笛声或鸟鸣的背景噪音，或者报道播送的方式，广播为我们提供了安德鲁·克里塞尔口中"索引"性质的新闻，能让听众自己创造出情境：

> 广播里我们能听到新闻的声音，或至少是清晰的观点，或"第一手"的目击证明，地点经常在户外或者打电话的时候，而报纸只能靠乏味的印刷媒体报道，这个媒体没有充满活力的声音透出抑扬顿挫的语调、犹豫和强调的情感，而声音对意义的建构非常重要。另外，印刷媒体也无法告知是在哪做的说明。（1986：121）

新闻是电台，尤其是地区和地方电台与听众联系的一个重要方式。通过报道的选取和特定的播报风格，新闻公告能强化电台与广播社区之间的联系。东米德兰兹心灵 106 调频的新闻编辑尼克·威尔森认识到了这点：

> 新闻很重要，因为我们通过它为社区提供服务。这儿有一家主打音乐的商业广播电台，人们收听这个电台就是为了音乐。新闻能让我们本土化，这一点尤为重要——我们通过新闻触碰社区。我们有责任报道我们认为每个人都应该知道的事情，不只关于他们的社区，还包括全世界。我把心灵这儿的新闻编辑室看成是总部设在东米德兰兹的国际新闻编辑室，因为我们提供的是地方、地区、国家和国际新闻。

语音电台，比如说 BBC 地方电台，更多地把新闻应用到节目编排中：日间和热线电话节目通常以对地方社区很重要的事件和议题为基础。新闻编辑爱涅阿斯·罗特索斯曾解释道，大多数 BBC 地方广播电台有以语音为基础的早餐节目，很多电台，比如说诺丁汉广播，都以新闻为基础。

> 我觉得新闻对诺丁汉广播这样的电台来说非常重要。很明显，新闻是我们工作的一部分，人们会调到 BBC 地方、地区和国家电台来收听关于当天事件公正、准确的报道。新闻是诺丁汉广播的一部分，而且，新闻团队是电台最大的团队之一。

诺丁汉广播有一支大约 12 名记者组成的新闻团队，除了基于新闻的早餐和开车时间节目，他们还得为全天的新闻公告提供材料。但是，电台是以语音为基础的，所以记者也会在节目中出现：

> 如果有一个重大突发事件要记者和日间节目进行互动，是很正常的。因为预算，我们的一天非常紧凑，早餐、上午、午餐和开车时间节目都以不同方式配合预算。这些方式反映了节目的声音，同时也能保证信息一出来就播送。（爱涅阿斯·罗特索斯，BBC 诺丁汉广播）

不过，虽然电台的所有节目每天都播新闻，但大部分地方或地区电台不会 24 小时播送新闻公告，主要因为播送新闻费用高昂。大多数 BBC 电台在早上 6 点到晚上 6 点之间每小时播一次新闻公告，之后按地区播送新闻，到了午夜，听众会转到 5 号直播听新闻。大多数商业电台遵循同一模式，傍晚之前地方电台播送新闻，之后天空或 IRN 播放夜间新闻。

选择新闻

决定广播公告中使用哪些新闻，最重要的因素是电台的目标听众。这不是说要忽略某些新闻报道，而是说与其他电台相比可能不是那么关注这些新闻。

"你必须时时把听众记在脑中，"96 特伦特调频的路易斯·思科瑞姆肖说，"我们希望能保证听众有所了解，但不是了解得很深入，这样上班时如果有人说起某事，他们能知道发生了什么，不会觉得自己很傻。"无论电台规模大小，大多数新闻公告都包含了地方、地区、国家和国际新闻，而地方广播新闻编辑室要想覆盖这么多新闻，真是一个挑战。GCap 电台试图在集团层面上解决这个问题。他们的独立广播新闻(IRN)播放国际和大部分国家新闻，但他们在伦敦的首都广播也有一队记者为特定 GCap 电台选择国家新闻报道。例如，2007 年 11 月欧洲之星终点站在伦敦重组后的圣潘克拉斯电台开幕，GCap 记者蒂姆·约翰为公司集团旗下各电台提供了一系列音频报道，好让听众获取这一事件的个人观点。这种服务的结果表明地方新闻编辑室能关注地方报道，而不是花时间从地方视角重新加工国家新闻。

对地区广播电台来说，建立故事与听众的关联甚至更难。东米德兰兹心灵106 的新闻编辑尼克·威尔森解释道："每次我们看到一则地方报道——'地方'指的可能是东米德兰兹的任何地方——都得考虑怎样写才能吸引本地区的其他人，这就是为什么我们没有报道很多其他地方电台会播报的新闻——它们实在是太地方了。"另外，尼克还认为新闻报道的选取应根据对听众的重要性，而不应根据报道的出处来判断：

> 我听说有些电台的方针是永远把地方新闻放在首位，可我觉得这种做法会打破新闻的平衡。如果听到一个公告，你会相信头条新闻是公告中最重要的。我们的哲学是不必以每一个故事都从地方视角出发为终极要义——重要的是把故事讲清楚。如果报道不是从地方视角出发，但却很犀利，而且与我们的听众息息相关，那这就不是问题，我们会按实际情况来报道。如果报道能用地方视角来加强，我们也会照做。(尼克·威尔森，心灵106)

BBC 地方广播的目标听众年纪比商业电台的要大。他们的目标听众基本在 45 岁以上。而且,尽管 BBC 诺丁汉广播的新闻编辑爱涅阿斯·罗特索斯承认说他们电台在报道的选取和处理上,会把听众的年龄谨记在心,但他不认为这会限制他们的节目产出:

> 我们设法让诺丁汉广播的报道包含正反两个方面——有些是你泡吧时会告诉朋友的新闻,也有些是你不想知道的本地新闻。我认为 BBC 地方广播的一个优势在于播报一些你可能在别的地方听不到、看不到或读不到的地方新闻。

新闻来源

根据使用目的,新闻有多种来源;不过对记者来说,最重要的一个来源是随着时间推移各新闻自身建立的联系。广播的工作是为听众提供新闻的声音,让他们听到与报道直接相关之人的陈述,无论这些人是报道的主角还是现场的评论专家。所以基本上记者遇到的每个人都是一个联系,他们可能会亲自对报道加以评论或把报道带到某个能够作以评论的人面前。因此,记者拥有的最宝贵的一个财富是自己的联系人名单,这个名单必须定期备份,以免遗失会带来的灾难。

不过,新闻可不像新闻界神话让我们相信的那般随机和不可预测。很多事件都已提前知晓,而且新闻编辑室日记中有这些事件的记录。其中包括关于圣诞节亮灯仪式或圣帕特里克节游行这些标准事件的笔记,也有重大诉讼案件或公开听证开审和判决的备忘,还有类似皇室出访或议员开办新学校的活动。

新闻编辑室还利用收到的新闻稿——通常是邮件的方式——获知信息。邮件来自各种各样的个人和组织。虽然大部分说的是已经知道或者无关紧要的信息,但是记下组织的联系人姓名、电话号码和邮箱地址留作日后参考往往是有用的。比起设法向一个匿名的新闻官寻求帮助,通过一个知晓名字的个人获得信息要容易得多。

除了电台自己的新闻日记,通讯社还制作每日日程单,记录他们当天要报道的所有主要新闻故事。地方电台除了这张单子外,还另用一张国家新闻供应商的日程单来做补充,例如供应商业广播电台的 IRN(信息资源网)和 Sky(天空新闻),或 BBC 的 RNS(地区新闻服务)。

一天中,地方电台能收到来自国家供应商的音频和文本。大多数情况下,地方广播的国家和国际新闻都是由 RNS、IRN 或 Sky 供应的。为 BBC RNS 服务的除了遍及英国的 BBC 地方电台网络,还有世界各地的通讯记者,他们保证了 RNS 能获得足够的音频和文本,通过一条名为 ENPS(电子新闻供应服务)的系统将信息送至与 BBC 地区和地方电台相连的"线路"上。

商业广播新闻供应商的工作方式类似。IRN 归全球电台所有,鲍尔和 ITN (独立电视新闻公司)占有的份额为少数。直到 2008 年 10 月,IRN 都能使用 ITN 的所有材料,ITN 的记者也能获得 IRN 报道的音频版本。之后,这些报道以和 BBC 同样的方式,通过卫星,有时通过网络,送到新闻编辑室的计算机系统或其他自动记录终端上。但 2008 年 IRN 为了得到 Sky News(天空新闻网)的供应,抛弃了 ITN,为 Sky 带来了"商业广播在新闻市场的实质垄断地位"(普兰克特 2008i),所有放弃 IRN 的电台都由 Sky News 供应。

另一个重要的新闻来源是应急服务。警察、火警和救护车服务通常每隔几小时会连线一次,以确保任何一个事件都能尽快发现。在较大的县和市,这些服务一般有一个"声音库",用磁带记录发生的事情,尽管不像记者们希望的那样频繁,但还是每天更新。无处不在的邮件也意味着如果有大事件发生,应急服务能立刻通知所有相关新闻媒体。

同样,尽管广播记者不常参与诉讼程序,法庭和议会也是常规的新闻来源。用法庭和议会会议中的录音来广播是禁止的,尽管 1981 年《藐视法庭行动》第九章允许一些法庭录音,但这些录音在当天审判结束之后得向法庭说明。一般情况下,实际开庭的报道都是自由撰稿的"特派记者"把副本送至电台,之后这些副本变成新闻公告中的文本或音频报道。然而,如果议会要做一个重大决定,例如,推行违背社区意愿的住房发展计划,一名记者可能会被派去会上听取决议,并采访评议员和抗议者。同样,如果是涉及一起特别知名的谋杀案的重大法庭案件,或者重大诈骗案的话,可以派记者去听判决,然后设法采访受害者家人或那些受诈骗案影响的人,看看他们对裁定有什么看法。这些采访应该在法院外进行。

跟所有记者一样,广播新闻记者也应利用其他媒体来了解地方和国家发生的情况。大多数电台会监测当地其他广播电台的节目产出,以及地方电视和出版社。不过无论报道出自何处,记者应在广播前亲自核查事实,这一点很重要。

对所有记者来说,网络是另一个有价值的工具,但和其他任何工具一样,也应小心使用。网络能用来核查重大新闻报道,但因其不断更新,有时随着对事件的了解加深,"事实"会改变,因此,理想的是,所有取自网络的新闻在广播前都应交叉检查。网络最为常用的方式是作为一个档案馆,为正在发生的事件提供背景,或者提供记者将要采访的某人的资料。也就是说,不是所有网站都是一样的,记者应该利用声誉良好的网站来做背景调查。

随着全国各地广播电台网站投入加大,网站亦能成为原始新闻的源泉。很多电台都设有版块供使用者对报道加以评论,甚至能提供他们自己的故事供电台考虑采纳。就像 96 特伦特调频路易斯·思科瑞姆肖解释的那样:

> 我们设有"你的新闻"和"本报道的评论"版块,因此,我们能通过它们真正生成广播内容。比如,可能是一则关于征收酒精税来遏制酗酒的报道——"对此,你怎么看"——然后,我们能利用这些反馈,例如以音频报道的方式"这是你今天通过网站告诉我们的"。这是听众互动。这个方式还能让我们获取内部新闻,现场要有一两个记者的话,对电台听众来说就意义非凡。你做得越简便,听众提供的故事就越好。

网络提供的信息,交叉检查之后对记者来说会非常有用,但是,因为量太大,记者可能会冒着花太多时间搜罗信息,却没时间处理真正要播出的新闻的风险。解决之道在于熟知几个搜索引擎,并且有区别地使用。

公告

广播新闻公告时长从一些商业电台的 60 秒到 BBC 电台的 10 分钟不等。与较长的新闻杂志节目不同,新闻公告的功能是总结事件和让听众了解最新的新闻报道,这就是说一般不包括任何的分析文章或较长的采访。大多数公告的特色是混合地方、国家和国际新闻,涉及政治、犯罪、社会问题、娱乐和体育等领域。

大多数电台的新闻都是经过编辑之后,由新闻播音员决定播报次序,通常会有一个固定的安排表。例如,一些电台喜欢最后播报娱乐圈新闻或一个以"最后"结尾的故事,以较为轻松幽默的口吻结束公告。其他电台则坚持为头条新闻提供音频——无论是音频报道还是现状况录音——来强调重要性。

像克里塞尔指出的那样,虽然报纸读者能选择阅读多则新闻的顺序,但是"广播的顺序有时比报纸死板,有时又更灵活"(1986:85)。更加死板是因为听众不能选择公告节目顺序,而更加灵活则是因为广播不会一直按重要性来报道新闻。一般来说,最先播报的是对特定电台观众来说最重要的新闻,但之后其他因素会对顺序产生影响。这些因素包括对各种话题的需求,混杂地方、国家和国际问题;对各种声音的需求,伴随着新闻播音员的声音,混杂了音频报道和现状录音;以及新闻时长与公告其他内容是否相符。

不过,所有广播新闻公告都是由下文描述的同一基本成分建构而成的。

副本

副本是指为广播而写的新闻报道。时长从 8 秒到 35 秒左右不等,但每个副本都应或繁或简地讲述整个报道。很明显,一个简短的副本只是一个加长版标题而已,但还是得包含基本故事,说清楚发生了什么。一些电台在半小时的早餐和开车时间节目的 60 秒综合报道中经常使用简短的副本。重要的是报道应该清晰、有趣,就像诺丁汉广播埃涅阿斯·罗特索斯解释的那样:

我觉得这有一个风险,有时候你三言两语能说清一个故事,可是几乎没什么意义,但如果你长篇大论的话,故事听起来又没什么意思。我们正在努力寻找一个折衷的办法,就是说,既能准确讲述这个故事,提供需要提供的信息,又能让公告听起来很生动。

不管时长,副本的写作风格应该直接,尽可能省略动词使报道流畅、大声朗读的时候听上去更加自然。所以,用"它是"而不用"它就是",用"他们会"而不用"他们将会"。关于读者阅读时是否省略动词存在争议,但是把原有动词省略却能让新闻播音员的工作变得轻松一些,不过如果要强调的话,还是得保留完整形式,例如,要证实一个事件,像"哈里王子正从阿富汗斯坦飞回来"。

你只有一次机会传达故事,因此报道的写作方式必须和我们说话一样。"我们以人们能够理解的方式写作,使用易于理解的单词和短语,不要搞得太复杂,也不要投机取巧,"心灵106调频的尼克·威尔森解释说,"实话实说就好。我们认为电台是以人们日常生活中讨论新闻的方式传播新闻。"

报道副本的第一行——也叫首行——应该传达故事的主要观点,吸引听众。没有太多时间允许你播序文导入报道,同时你也不想在首行里塞太多细节。最好的故事副本开头应是一句浓缩了整个报道的陈述句,之后随着故事的发展,加入细节。所以,如果你在为一家总部位于纽卡斯尔的电台写作,开头最好写"纽卡斯尔一名美发师正在庆祝买国家彩票中了300万英镑",然后加上那名美发师具体来自纽卡斯尔哪个地区的细节,而不是以"希顿一名美发师正在庆祝……"开头。把"希顿"放在首行,可能会冒着其他地区的人提不起兴趣的危险,但是用纽卡斯尔开启首行能让听众更感兴趣。同样,报道开头最好不要提到官方组织的名称,如县或市议会,卫生局或警察部队。除了事实上这些官方机构会让大多数听众丧失兴趣之外,报道的重点应该是怎样影响你的听众,而非报道背后的人。

尽量少用标点。可以说除了句号,其他任何标点都很难作口头解释。我们不会小心地用包含多个从句的复合句交谈——我们聊天一般说的是短语——

所以，写作也不能用这种方式。画破折号或者打点——这样新闻播音员看起来更容易，更易于口头解释，不要用逗号。如果 10 以下和 1000 以上的数字都完整地写出来，播音员也会轻松很多——看到一排连续的 0，很容易认错。

广播是一个即时媒体，所以只要有可能，使用现在时和动词主动语态让副本变生动，好像说的是正在发生的事情。因此，要写"戈登·布朗说他正计划从伊拉克撤军"，不要写"戈登·布朗说过他计划从伊拉克撤军"。如果你不用精确的数字，而是将其四舍五入，听众也不会感到困惑，尤其在首行。因此，要写"差不多 40％"，而不是"38.5％"；写"80％以上"，而不是"81.6％"。

不过，最重要的建议可能是广播前，要大声朗读你写的报道。众所周知，脑中默读的副本总是完美的——只有读出来，你才会发现那些很拗口的词语，以及很突兀或没有任何意义的短语。而且，尽管你的语言应该通俗，但不等同于俚语，像 96 特伦特调频路易斯·思科瑞姆肖解释的：

> 我们尽可能保证语言易于理解。如果你能少用一些单词——那就少用。如果能用简单的单词——那就用简单的。如果你能把故事说清楚，不需要听众查字典——那就讲清楚。有些词语是禁止使用的，我们觉得使用这些词语会让我们变得低级或危害我们的可信度——这些词语会让听众觉得你不可信或不权威。如果你用俚语的话，就会给人留下这种印象。

大多数电台有屏幕显示手写副本、提词或广播稿。里面包含了这个报道作者是谁，是为哪个公告准备的信息，另外还有辨别故事的"导语"或"标语"。无论公告是谁编辑的，这些信息都很重要。他们得知道是谁写的，以防有人问起；得知道是什么时候写的，以备及时更新。理想情况下，就算没有发生任何改变，但为了让听众听起来有新鲜感，每个公告的副本都应重写，不过实际上，这经常打折扣。所有副本、提词和广播稿还应包括的另一个重要细节是报道的时长，这样才能算出公告的总时长。大部分系统能自动计算，可要是不能计算的话，也能根据每秒三个单词、到结尾处副本共有多少单词算出。

提 词

广播播放的每个音频报道都必须有提词。提词介绍音频,无论内容是受访者的讲述还是记者的报道。很重要的一点是,提词不应重复音频中听到的内容。反而应该解释整个报道并加以设定,这样放给听众听的时候,他们会想听接下来发生了什么。为了让提词有效、与听众相关,东米德兰兹心灵 106 的记者会例行重写国家新闻供应商 Sky 提供的提词,正如新闻编辑尼克·威尔森解释的那样:

> 你讲述一个故事时,开头两到三个单词最为重要。比如说——内政大臣杰基·史密斯为她的部门辩护,因为据透露,有非法移民在安全行业工作。Sky 的版本开头是"内政大臣杰基·史密斯"……好了,立刻让人以为关于政治的,然后有些人已经想到,"政治——没兴趣。"如果你得到一则杰基·史密斯的剪辑,然后用这些话去看这则剪辑——报道说的不是她——而是非法移民,这是一个大事件。提到移民和本地区的移民工作者,很多人都会情绪激动,所以这是一个有关联性的报道,可是以杰基·史密斯开头没什么用。其实只需看着稿子,说"报道出自哪里,对我们有什么影响",之后再那样写出来。首行你要说对你产生了怎样的影响,中间插入故事,之后再引入剪辑。

提词时长没有严格规定:要解释故事,得够长;而要保持听众兴趣,又得够短。跟副本一样,提词开头也得说清作者姓名、公告时间和跟音频标签一样的导语。除了这些细节外,还应有提词时长、音频时长、报道的总时长(即提词加音频的长度),以及"画外音"——音频的最后几个单词。

剪 辑

剪辑——也称片段或摘录——是最简单的新闻呈现形式,是简短的采访精华,能清楚阐明整个报道,可短至 5 秒钟。商业广播的剪辑一般在 15 秒以内,虽然 BCC 往往喜欢稍微长一点的剪辑,一般长达 25 秒,但没有硬性规定。剪辑的时长应由内容决定。例如,一位孩子遭到绑架的母亲可能不会通过剪辑为报道添加任何新的信息,但是她表现出的情感能传达她的悲痛,这比记者说再多话都有效。96 特伦特调频路易斯·思科瑞姆肖解释说,"一般性报道的音频应在 16 秒左右,可如果音频很有效,那时长就没关系——要是能一直吸引听众,可长达 40 秒。"

剪辑也能用在"节目包"内,记者从字面上把报道的解释打包到某个人的剪辑中,这个人与故事有直接的关联性。议会报告经常会用到这个方法,因为报告需要更多解释,一条简单的提词提供不了。政客们关于现状的诉说能进一步证明报道,同时也能传达政治辩论的氛围。最好的剪辑要么通过提供新信息,要么通过传达情感或氛围来推动报道的展开。

音 频 报 道

音频报道是记者播报的报告,包括直播和预录两种。报道包含两个部分:新闻播音员朗读的提词,能设定报告基调,介绍记者;广播稿,这是记者播报的真实报告。一般说来,如果遇到故事需要更多解释,一条副本传达不了的情况,就会用到音频报道,比如说,一个很长的诉讼案件结尾,有必要提醒听众案件背景的时候。在报道场景中讲述,有背景噪音为报告增添氛围,此时的音频报道最为有效。96 特伦特调频的新闻编辑路易斯·思科瑞姆肖解释说:

我们已经转移到有更多人进进出出的地方,这样我们的一些音频报道能在场景内直播。我觉得这能为节目添彩,因为我们可以说——"我们在这儿,在故事的核心场景中直播。"演播室内录制的音频报道也很有效,因为能为公告增添色彩——一个很长的故事副本结尾处可能不是同一个声音朗读的。新闻播音员直接朗读大概要花 30~40 秒,这可能会让听众失去兴趣。音频报道能通过使用辅助解释、添加色彩的第二个声音来让故事生动起来。

不过，虽然从现场报道能保证听众听到生动的新闻故事，但是新闻编辑往往认为如果报道真的是直播，你应该只要说正在直播即可：

> 我们广播时会播放预录的内容，好像是直播的一样，但这不同于你正在给听众讲述的故事，而是没有告诉过他们的内容。如果我们只能于12点30分在ISDN采访警察局长，可是却想在下午1点的时候播放节目，就像一个对话性质的2分钟采访，我们导入时会说，"和我一起录节目的是警察局长史蒂夫·格林"。不会说警察局长正和我一起直播。我们没有骗人——我们只是想把事情结合到一起。（尼克·威尔森，新闻编辑，心灵106调频）

各家电台对音频报道的使用各不相同。一些电台从来不用音频，声称一个紧凑的副本比音频报道要有效得多。而其他电台，像96特伦特调频，就很喜欢音频报道，让它为公告添加各种声音。同样，一些电台希望他们的记者能在报道末尾用一句标准的结束语（SOC），比如说，"IRN，约翰·史密斯从伦敦中部发回的报道"，而其他电台则认为在报道开头介绍记者就足够了。

民 众 之 声

民众之声，源自拉丁语"民意"——"人们的声音"——由一名记者首创，这名记者走上大街，录制人们对某个问题的看法。之后，他把最好的回复编辑在一起，制成一段连续的匿名报道。民众之声是传达大众对某个问题看法的有效方式，但不可当成样本代表来呈现。记者应选择最生动或表达最好的评论，同时不可扭曲总体趋势，另外，除非话题限制，否则，还应混合男性和女性两方观点。

选择合适的问题对民众之声的成功至关重要。问题应该简洁，易于理解，另外,措辞方式不可让人们用简单的"是"或"不是"来回答。因此,如果话题是关于政府计划通过征收酒精税来遏制青少年酗酒,问题得是"你对政府计划通过征收酒精税来遏制酗酒有什么看法?",而不是"你觉得政府应该通过征收酒精税来遏制酗酒吗?"因为这个问题一个字就能回答了。

很重要的一点是,话题应该人尽皆知,而且人们已经准备好回应的。如果问题需要加以解释,或者回答之前还得深思一番,那大家很可能就不愿费神了。民众之声是通过获取地方回应使国家事务更加本土化的好方法,但是也可能会使用过度。

最好的民众之声应包含一系列非常简短的回应,而不是寥寥几个冗长沉闷、需要小心编辑的回复。不像直接采访中,回复里的停顿和结巴能透露出和实际说的话一样多的信息。民众之声的编辑应紧凑,最先用最好的回复,最后用第二好的,这样能让听众感兴趣,而且能留下正面的印象。记者的声音不应在节目成品中占据重要位置,因此问过的问题得加进提词中。

记者要小心选择录制民众之声的地点。如果话题是关于交通拥堵,在一条热闹的街道旁采访可能会为报道添彩,但也得注意,不要让车流声淹没说话声。得到在私人企业录制的允许也很重要,其中包括汽车站和火车站,购物中心和酒吧。如果很难得到允许进入这些地方录制,站在街边,拦下来来往往的行人进行采访经常要容易得多。

节目包

大部分新闻报道至少有两面;打包是准确呈现故事多面性的方式。一般来说,节目包里有两个或更多的采访剪辑,这些剪辑由记者播报的广播稿联系起来。

最好的节目包能用音效和音乐来使报道生动,不过还是得小心,不能使用过度:串词背后随意添加音乐和采访是毫无意义的,而且如果选择的歌曲有歌词的话,歌词的结尾可以和报道的内容相应。精选的音乐能烘托氛围,音效能很好地提供节目包的位置,反之亦然。

整个节目包,包括提词,时长刚过一分半钟,新闻直播间擅长的打包类型是写作紧凑、精心制作的上佳案例(如下图所示)。乍看之下,一则关于交通拥堵的报道可能会非常枯燥,但因为记者报道角度是那些遭受拥堵影响的人,带领听众经历一次听觉旅程,听听这些人怎么说,这样节目包的内容就能既吸引人又有效。使用简短的剪辑和串词能保证节目包节奏生动,每隔几秒就换一个声音。节目包中蔓延的车流声有效地确定了位置,结束时能听到西蒙和科特边装货车边聊天:我们都能立刻看到工业区正在被装上货物的货车和远方蜿蜒的高速公路。

BBC 广播 1 台新闻直播间节目包的提词,由新闻播音员朗读	
我们很快能在一些高速的硬路肩上行驶。随着西米德兰兹 M42 高速试点成功,政府希望此举能帮助缓解交通高峰时间的拥堵。来自新闻直播间丹·怀特华斯的报道……	
记者丹·怀特华斯的声音、车流声,背景是男人在装货车的声音	快递司机西蒙和科特在一个工业区工作,工业区到 M42 只有 2 分钟车程
现实中男人装货车的声音逐渐加大	好的,科特。这些箱子是从牛津运来的。
记者	……每周他们在这上面花上几个小时
装载货车的现状 西蒙和科特在聊天	"太棒了！伙计,总共有多少个？" "呃——总共 10 个左右。"
聚焦科特一人的声音——背景仍是车流声	过去这完全就是个噩梦。你得拉到高速上或者来到这个地区,然后就完全动不了了——开开停停——就像是典型的高速拥堵
记者	这些都发生在一年前,那时硬路肩还没有开放
回到科特	现在好多了——车流还在继续前进——我们不用停那么多次了。因为我们的工作对时间很敏感,有 ETAs(预估到达时间),我们得早早来上班,这样顾客会开心很多
记者	它的工作原理好像是这样:交通拥堵时,CCTV 的摄像机和传感器在高速上探测,然后每条车道上的电子标识会把车速限制到 50,并引导司机开上硬路肩
西蒙	我没有见过任何故障。大约每 500 码的地方就设有一个停车带,这样如果发生任何问题,能得到很快解决。不过我从来没有亲眼见过故障。好像管理得很好

续表

BBC 广播 1 台新闻直播间节目包的提词,由新闻播音员朗读	
记者	尽管不是每个人都觉得这是一个好主意。凯文·克林顿来自皇家社会事故预防组织
凯文·克林顿——电话剪辑	如果硬路肩被用作行车道,重大事故发生的话,应急服务可能会花较长的时间才能达到,或是有人抛锚的话,可能无法把车子开出行车道
记者 西蒙 科特 西蒙	接下来两年内,这个体制也将在其他地方开展,包括 M25、M42、M20、M1 和 M6 我相信这肯定是一件好事…… 是的——是件好事 路况肯定能得到改善,这样一切就方便多了——流畅多了。这个体制能保障交通运行顺畅,而且也似乎得到了很好的控制,另外,限速还能保证安全

　　串词都非常直接——没有序言。从一开始我们就被送到了那个工业区,而且通过使用西蒙和科特边装货车边聊天的现实声音。前 7 秒内,我们已经认识了主要的受访者,无需记者再做链接。最长的串词解释了新的道路系统怎样工作,记者通过直接、简单的报道,12 秒就完成了。毫无疑问,解释应该包括很多技术信息,但因为对报道目的来说不是必要,所以没被纳入考虑。然后,报道的另一面由 RSPA 发言人在电话剪辑中给出,最后结束语部分再回到西蒙和科特的画面。"一个好节目包的成分和任何新闻故事的成分一样,"诺丁汉广播的埃涅阿斯·罗特索斯说,"就是说,故事讲得很好,很生动,用声音带听众经历一场旅行。"

　　当然,不是每个报道都能用简短的串词和剪辑来讲述,也不是所有的电台都是这种播报风格。但是,记者常犯的一个错误是试图囊括太多信息。比起用太多细节让故事陷入僵境,更好的做法是先直捣报道本质,之后再添加任何你觉得必要的额外信息来让故事讲述有效。

电话剪辑

　　现在很多公共服务提供者,比如说警署、消防署和地方议会,总部都设有

ISDN 线路，这样电话采访能获得数字效果。虽然听众意识不到这是电话采访，广播中电话采访其实十分常见。电话采访的主要优势在于能迅速广播"第一手资料"。如果报道的主题在一个遥远的地方或者事件刚刚发生，这种做法尤其有效。很多关于 2005 年 7 月伦敦爆炸案的第一批目击者评论就来自现场人员，这些电话采访增添了评论的即时性。

大多数演播室都有一个用来电话采访的设施，能直接记录采访并连接到一台电脑上，之后用电脑编辑，这种做法不但能减少干扰声的数量，还能减少剪辑广播的周转时间。BBC 和 Ofcom 的指南里都强调说记者必须提前告诉受访者说要把采访录下来，得到允许后才能开始录制。理想情况下，电话剪辑在获取更高质量的音频前应坚持等待，可实际上，人手不够的新闻编辑室最后经常会依靠电话获取音频，而不是派出记者，尤其是有很大地区要覆盖的地区电台。像心灵 106 调频的尼克·威尔森解释的那样："你可能会朝一个方向开一个半小时的车，不过还是在我们 TSA（传输服务区）之内——它就是有这么大——所以我们常常不得不牺牲质量，做些电话采访。"

互动

互动或"Q&A"（问与答）在新闻节目中很受欢迎，因为能解释很复杂的故事，还能强调媒体的即时性。记者在事故场景中讲述故事时，经常会用这两种形式来回应新闻播音员或主持人提出的问题，或者把互动问答作为总结和解释事件的有效方式，比如预算或复杂的政府报告。其中包含的声音不止一个，因此，更能保持听众兴趣，而且，也能帮助报道以一种自然的方式展开。

要想有效，互动听上去得是自发的——听众应该感觉自己好像无意间听到了一段事先知道的对话——而且需要周密的谋划。理想上，记者无论身在现场还是新闻编辑室，都应为主持人写一段提词，并提议一些要问的问题。尽管可以为问题草拟一个回应，但如果记者面前有关键事实的笔记，并且以更具对话性的口吻回答问题的话，看上去一般会好得多。关键要相信你对报道足够了解，脑中已经想好了回应，这样就简单多了，因为你提前知道会被问到什么问题。让互动听起来更自然的一个方法是避免直接提问和回答的模式，而要主持人在问下一个问题之前添加评论。例如，如果互动是演播室的主持人和反战游行现场的记者之间，主持人开头可能会说，"这儿听起来有点吵——游行怎么样了？"，听到了记者的回答之后，下一个问题可能会以"这儿人好多——那警方是怎么处理的呢？"开头。这样报道听上去更像对话，而不是刻板的问题，听众听着也会觉得更加有趣。

采访

采访的实用器械——设备、水平仪、定位装置——都将在第七章中加以讨论，不过本阶段研究一下采访方法还是有意义的。新闻公告中很少用到较长的采访，访问中更喜欢提词和剪辑，不过这两者在新闻节目中的确占据重要位置。广播采访的优势在于揭示了问题应该怎样回答——不管是犹豫还是冒犯——传达出的意义跟实际说话一样多。

好的采访关键在于准备。如果时间允许，记者应该尽量多收集一些与报道有关的信息，并上网核查背景事实。不管怎样，很重要的一点是采访的目标必须明确。例如，如果说是一个重大事故之后的实况调查采访，你得调查清楚有多少人死亡或受伤，伤者被带往何处，事故是怎么发生的等问题。例如，如果采访中你需要知道受访者的观点，采访释犯机构提案的抗议者，你要查明他们为什么反对以及计划怎么反对；或者是采访演员或音乐家的名人采访。目标一旦清楚了，你才能设计出采访方式。

搞清楚采访要用来做什么也很有效。如果一段采访，你需要的只是 15 秒的剪辑，又或者将其剪辑成多个片段用到节目包中，就没有必要录制半个小时的提问和回答。反之，只需要想出两三个与报道核心有关的问题，只问这些问题就好。不过，尽管你可能已经清楚地知道采访中要问什么问题，但是把一系列问题写出来可不是什么好主意。要是你列出了一系列问题的话，就可能会按单子来，而不是听取受访者的回应并且做出相应回复。有经验的采访者都同意说采访中倾听非常重要，因为受访者说的一些话可能会把报道带到另一个方向,并且为报道开启一个新的视角。也就是说,得有一份笔记记下你希望得到回应的要点,这样采访快结束时你能很快检查一下是否提到了所有该提的要点。

问题应该简短、直接:一个又长又复杂的问题可能会让受访者失去兴趣,到最后他们可能也答不出一个要点。你还应避免在同一个问题中问一个以上的要点,因为通常只有一个要点能得到回应——而且可能不会是你最希望他们回答的那个。设法避免提出能用"是"或者"不是"来回答的问题——问题要开放,能让人们做出更加充分的回答——努力记住好的采访需要涵盖"谁、哪里、什么、何时、为什么和怎么样"这几个基本问题。

不管采访是直播的还是预录的,只要时间允许,开场问题应当比较普遍,让受访者感觉自在:一个放松的受访者能提供比处于尴尬境地的受访者多得多的信息。同样理由,你应设法保持和受访者之间的眼神交流:调好水平仪,把麦克风放到正确的位置,接下来只需偶尔瞄一眼录音机检查录制情况,这样受访者才会觉得你是在听他们说话,对他们说的内容很感兴趣,而不是忙着倒腾设备。任何"棘手"或尖锐的问题应该在采访快结束、一些内容已经录制完成之后再问。如果一开始就问尖锐的问题,受访者可能会拒绝回答,甚至会放弃采访,这样你就一无所获,然而,如果把"棘手问题"留到后来,可能你之前已经和受访者建立了融洽的关系,就算他们对这个问题感到不舒服,也可能会给你某种回应。无论如何,不管受访者对你态度如何,你必须一直保持彬彬有礼:发脾气或说话刻薄是行不通的,可能还会导致你们电台以后被拉入黑名单。

然而,谦恭有礼并不等于完全顺从。你的工作是提出听众想要回答的问题,并且不时抛出几个尴尬的问题。有时,受访者会提前要求一系列问题,这一点要避免。你得解释说如果回答自然,他们的解释会更清楚,还要告知将要讨论的大范围,这样他们能做好准备。

如果可能的话,采访的地点应当深思熟虑(更多关于地点的细节详见第七章)。例如,如果在学校厨房录制一则关于健康校餐的采访,并且背景里伴随着锅碗瓢盆的声音,听起来会比在安静的办公室录制的更好。这样做意味你得调好水平仪,确保背景噪音不会盖过一切。不过,为了最后的效果,花费精力是值得的。你还要小心不要录到附近电脑、空调或其他电气设备的声音,因为录音机会无意间录下这些声音,导致你的采访结尾处会有烦人的"嗡嗡"声。同样,在一间天花板很高、家具稀稀落落的房间里录制采访的话,录音听起来会有回声。如果实在找不到别的地方进行采访,要保证你站得离受访者近一些,挡住麦克风,避免声音从墙壁弹回。

无论在哪采访,你都要确保自己处在一个舒服的位置,不用半途做调整。如果你们是坐着的,就并排坐,这样对麦克风产生的干扰较少。如果你是站着的,站在旁边,不要直接站在受访者面前,因为这个位置不大友好。永远不要隔着桌子采访别人,因为隔得不够近,无法得到清晰的录音,而且几分钟之后,你的手臂会疼。如果采访要整段使用的话,你得保证问题和回答的录制是处在同一水平,放好麦克风,这样提问题的时候就能把它朝自己这边倾斜。麦克风放在正确的位置很重要,因为你得避免太多的移动,移动太多会导致录音中夹杂麦克风咔哒咔哒的响声。你还得知道自己说的任何话都会被麦克风收到,所以受访者说话时,不要发出同意或鼓励的声音,而是利用点头和微笑来鼓励。

新闻播报

根据电台目标听众和节目风格的不同,新闻播报风格各异。音乐电台的新闻一般只有两三分钟长,因此,副本和剪辑很短,节目步调较快。相反,BBC 地方广播和语音电台,拿广播 4 台来说,公告一般比较长,这样每则报道花的时间也要长一些,播报风格也更加正式、步调更加平稳。据说,一些 BBC 地方广播电台正在改变风格。"我觉得 BBC 的这个形象应该要保持,"来自 BBC 诺丁汉广播的埃涅阿斯·罗特索斯说,"不过,事实上,很多电台正在尝试使用音乐床,而且听众的反映非常好。"

大多数新闻公告开头都是播音员播报时间和自己的名字,而简短的公告开头经常用一个大标题或"头条新闻"来抓住听众眼球。音乐电台的新闻播报经常是伴着音乐床,以此把公告融入节目中,并赋予其同电台其他节目产出相同

的基本音调。"播报风格真的很重要,"心灵 106 的尼克·威尔森解释说:

> 人们收听音乐电台是为了音乐,才不可避免地打开了收音机。为了吸引他们注意,你不能只是盲目地念一个报道,要让他们买账,必须做更多,你得用适合自己的音调来朗读报道,用词也要符合自己的风格。

埃涅阿斯·罗特索斯认为公告写作非常重要,并且为 BBC 诺丁汉广播创造了一个风格指南来赋予公告统一风格,这样听众会感觉诺丁汉广播在保持 BBC 性质的同时,制作的公告和节目还很生动有趣。他解释说,"我们为风格指南做的一项研究是分析报道的数量,现在我们靠紧凑的写作来努力增加公告中报道的数量。"

下面两个公告副本,一份来自广播 1 台,一份来自 BBC 广播 4 台,表明了每家电台的风格和使用的不同内容。就算不知道以音乐为基础的广播 1 台目标听众年龄层是 15～25 岁,而以语音为基础的广播 4 台目标听众是 45 岁以上,也能明显看出这两个公告是为不同听众设计的。

广播 1 台,3 月 26 日,上午 11:30
乔·维尔利介绍播音员
时长:2 分 20 秒

短曲	数字……FM……在线……这里是广播 1 台	3″
大标题	告诫准妈妈千万别喝酒	3″
叮	新闻直播间	2″
	给怀孕女性的新建议。以前,健康机构奈斯说怀孕 12 周后,每天可以喝一杯酒,可是现在他们觉得准妈妈应该滴酒不沾。吉莉安·莱恩代表专家讲话	13″
来自吉莉安·莱恩的剪辑	如果你要绝对安全的话,想要怀孕的时候和整个孕期过程中都要滴酒不沾。怀孕前三个月饮酒的话尤其危险——有流产的风险	12″
	保持英国银行有序运转的机构已经承认自己在北岩银行的问题上搞砸了。FSA(金融服务监管局)称没有留心关注北岩银行,银行借出去太多钱,以至后来支付不起,几乎倒闭	12″

续表

	伊拉克政府军队与民兵组织连续交战两天。据推测,巴尔萨已有近40人死亡。4000名英国士兵还留在城外待命。市长汤姆·霍罗威同他们一道……	13″
汤姆·霍罗威的电话剪辑	市区实行宵禁,限制车辆运行,情况不容乐观。人们躲在家里,因为冲突还在继续,他们不敢走上街道。	10″
叮	广播1台——新闻直播间	2″
	据说,如果你下载电视节目和电影,每月的宽带费会飙升至20英镑。听说很多使用者现在已经超出了每月下载的限额。	10″
	里奥·费迪南德说今晚担任英格兰队队长能实现自己儿时的梦想。英格兰队将在巴黎与法国队进行一场友谊赛	7″
	第一次执掌苏格兰队的乔治·贝利将率队在汉普顿公园对战克罗地亚。	5″
	数百万名的观众——16名参赛选手——一档电视节目……	5″
艾伦·休格爵士的剪辑	出现了几个疯子——我是说他们被直接扔到了门口……	4″
	《学徒》今晚回归。种子选手中有一名女性声称自己与皇室有关。艾伦爵士承认说一些人上节目只是为了出名……	9″
艾伦·休格爵士的剪辑	这跟我没什么关系,因为他们没有取得成果。一些人来这儿的理由不当。看到自己出现在电视屏幕上之后,他们有些得意忘形了	9″
	正午时分,你能从纳特的娱乐新闻中听到更多关于他的消息……	3″
音乐声"叮"	接下来午餐时间新闻直播间将讨论为什么会有这个评论……	4″
希拉里·克林顿的剪辑	我记得我们是在狙击手的火力中着陆的,被告知要立刻奔向汽车……	5″
	……让总统候选人希拉里·克林顿陷入了麻烦…… 而我们在讨论两个售往印度的英国轿车品牌——现在是12点45分,您收听的是新闻直播间节目。	9″

广播1台的短曲,伴随着下一首乐曲的响起。

BBC 广播 4 台新闻,2008 年 3 月 26 日,中午 12:00
没有播音员介绍
时长:4 分钟

	格林威治报时信号	
	BBC 正午新闻	2″
	金融服务局承认 11 月北岩银行倒闭前,他们在对该银行的处理上犯了一系列错误。金融城监管机构的一份报告中说,FSA 对银行的监管让人无法接受,而从 2005 年 1 月起,FSA 的高级员工就从没见过来自北岩银行的人。FSA 行政长官赫克托·桑特说,他正在做出改变以确保将来能执行合适的标准。北岩银行小股东集团的罗宾·阿什利说,一切都只是杯水车薪,太迟了	33″
罗宾·阿什利的剪辑	他们举起双手承认犯了一个错误,这很好——股东们依靠 FSA 这些机构实行某种监督,可是监督却没有实现。这不只是口头说说的——还涉及行动——股东们都感觉十分悲痛,因为公司从他们手中被夺走了,现在只有通过打官司,否则,他们得不到任何赔偿	22″
	法国总统萨科齐已经到达英国进行国事访问。他飞往希思罗机场,这会儿正在温莎会馆会见女王。我们的外交记者布里奇特·肯德尔也在那儿。	12″
布里奇特·肯德尔的音频报道	总统萨科齐和妻子卡拉走在希思罗机场跑道的红毯上,迎接他们的是威尔士王子和康沃尔公爵夫人。萨科齐的太太、前意大利超模卡拉·布鲁尼身穿暗灰色套装,头戴小礼帽。总统萨科齐穿深色西服,戴黑色领带,和查理王子愉快地交谈了一会。这是法国总统 12 年来第一次对英国进行全面的国事访问,被外界看成是萨科齐总统重塑自己在法国国内糟糕形象和通过表达个人对英国的热情来巩固与英国联系的一次机会。不同寻常的是,这次他的随行人员包括他的新岳母,可是他自己的母亲——本来也要来的,却因为家庭原因取消了行程	47″
	汽车行业工会称,美洲虎和路虎的新东家承诺继续在英国工厂生产汽车。印度公司塔塔刚证实以十多亿英镑的价格从福特购买两个品牌,将会保障 16,000 份工作	19″
	伊拉克总理给巴尔萨什叶罗徒 72 小时的最后期限,让他们放下武器。伊拉克政府军队与民兵组织的冲突持续了两天,民兵组织成员包括激进派传教士阿萨德尔的强大马赫迪军的支持者。巴格达也发生了武装冲突。警方称马赫迪军、伊拉克和美国军队的冲突已导致 20 人死亡	27″

续表

	RSPB(皇家鸟类保护协会)警告说,人们花园里鸟类的数目正在减少。这项报告以调查为依据,调查是由英国各地近 400,000 名业余鸟类学家开展的。有雀类的好消息——它们的数量得到了上升。克里斯·派克汉姆是 BBC 的一名野生动物记者。他说人们要鼓励鸟儿飞到自家花园,应该做的还有更多	24″
克里斯·派克汉姆的剪辑	普遍得到的信息都是说形势不好,但我们还是能做些什么的,我希望看到的是很多发现自家园中鸟儿数目下降的人知道了这个信息后,会装些喂食器,引鸟儿回来,因为在对话的世界里,我们不能自鸣得意。我们得加倍努力来保证一切都是为了鸟儿好	19″
	自从大约 150 年前有了记录开始,英格兰和威尔士的结婚率已经下降到最低水平。国家统计局的初步数据显示,2006 年每 1000 名男性中,只有 23 名结婚了,每 1000 名女性中,结婚的只有 21 人	19″
	持有中百万欧元彩票的人得在今晚五点半前去领取 690 万镑的头奖。如果不去领的话,奖金会拿来做慈善。这张彩票是去年 9 月在德文郡买来用作抽奖的	15″
	BBC 新闻	1″

正如公告内容应该不同,播报风格也不能一样。广播 1 台公告以音乐床为背景朗读,有很多"叮"声、简短的报道和剪辑,一个报道结尾和下一个开头之间没有间隙。与此相反,广播 4 台的公告冷静、慎重,唯一的介绍是格林威治报时信号,留了更多的时间给报道。如果你拿出 20 秒的时间来宣传 12 点 45 分的节目,那广播 1 台的公告就只有 2 分钟长,而广播 4 台的时长是 4 分钟,是 1 台的两倍,不过,两个公告都包含 7 则报道,每个公告都有 3 则报道附带音频。就像心灵 106 尼克·威尔森解释的那样,新闻公告的时长不应决定你的报道数量,但会影响你的报道方式:

公告时长有 3 分钟的话,你能播报 8 则报道——5 分钟的公告能让你播 13 或 14 则报道,不过这实在是太多了。如果播的是新闻摘要,15 分钟的时间你能说很多,可这只会让听众头昏脑胀。每个公告和节目中我们都设法用相同数量的报道。如果我们 3 分钟播 8 则报道,可能 15 分钟节目里我们也只能讲这 8 则报道，只是这儿的报道里会加入更多信息。这是一个深入分析、渗透表层的机会。（尼克·威尔森，心灵 106 调频）

广播 1 台的头条新闻对于以年轻人为主的目的听众来说是完美的。这些年轻人中很多都在考虑要孩子，或者已经怀孕了。同样，广播 4 台的头条新闻——北岩银行破产的报道也能迎合目标听众，因为他们中很多人是银行股东，或至少对金融市场有点兴趣。广播 1 台也播送了北岩银行的报道，尽管电台的目标听众可能不会直接遭受银行破产的影响，但这个事件里包含了很多关于经济的启示，因此对每个密切关注最新发展的人来说都很重要。两份公告共享的另一则报道是伊拉克战争。无论听众年龄大小，这则报道对每个国民来说都很重要，可以说因为有这么多军人在伊拉克服役，两个听众群可能都会因参军的朋友和家人而与报道有更直接的联系。

广播 1 台宽带下载收费的上涨又一次照应了目标听众。跟年长的人士相比，更多年轻人会下载电影和电视节目。接下来的两个体育报道都不只提醒当晚要举行的比赛，还提供了对社会有益的信息。公告中用时最长的报道是费时 27 秒播报的 BBC 新电视系列节目《学徒》——占了公告总时长的 1/4。有些人可能会把这当做 BBC 公然的交叉营销，也会有人说因为节目受到欢迎，它成为了年轻人会讨论的报道类型，加上艾伦·休格爵士一些不留情面的引述，也加强了听众和电台的联系。它也被用作沟通公告和午餐时间新闻直播间节目宣传片的桥梁。

广播 4 台公告中，萨科齐总统对英国的国事访问用时最长，长达 59 秒——几乎是公告总时长的 1/4。但因为是官方国事访问，进公告无可厚非，可考虑到英国和法国过去几十年紧张的关系，了解那段历史的老年人可能会更感兴趣。之后是美洲虎和路虎被一家印度公司收购的新闻，这个事件可能会在宏观上对英国工业产生影响，进而波动股票市场。11 点 30 分广播 1 台没有报道这个事件，但他们极有可能会在较长的节目中对其加以玩味，因为这个事件可能会影响工作，目标听众应该会感兴趣。很明显，比起 15～25 岁的年轻人，花园中鸟儿的报道更能吸引老年人,但广播 4 台将其收入囊中的另一个原因可能是电台正通过《今日》这样的节目积极推广年度调查,实际上可能很多听众都已参与其中。公告最后两则报道都很有趣,也很轻松,为公告作了一个乐观的结尾。

可以想见,广播 4 台公告使用的语言相当正式,但符合好的广播写作要求——使用短句,语言简洁、直接,易于理解。广播 1 台语言不是很正式,使用了"准妈妈应当滴酒不沾"和"宽带费飙升至每月 20 镑"这样的短语,避免了俚语的使用。就像新闻直播间网站上说的:

> 我们的目标是用现代英语为复杂的问题提供清楚的解释。我们不喜欢用小报式的语言或陈辞滥调。避免使用行话,谨慎使用俚语。我们的广泛研究表明听众喜欢这个方式和风格。

不过,尽管公告之间存在这么多差异,还是有很多相似点。双方都含有副本和音频,开头都是听众最感兴趣的内容,结尾都是轻松的报道。因此,鉴于广播有这么多相似的地方,电台的关键差别在目标听众,无论是新闻公告还是 2 小时的节目,不管广播什么,与听众联系都很重要。

第七章　广播设备

广播最大的优势之一是其简易性。它所需最基本的就是一个麦克风和一个传送无线电波的发射台，尽管规模最小的广播电台都拥有比这更多的设备。本章的目的不是要一一列举出全部的无线电广播设备，而是要对那些我们认为理所当然的广播进行分析，解释广播中复杂的声音是如何由一些关键的零部件制作出来的。

演播室

顾名思义，在广播电台中使用设备的地方就是演播室。这是电台的核心部分，正是从这里我们听到广播的传播内容。一般来说，演播室的一切都是由主持人自己操作，但有时也有这样一个设备，即一块隔音玻璃把演播室与负责输出的技术人员（导播）操作台分隔，导播与主持人通过对讲系统进行沟通。电台通常也至少有一个其他工作室，可用于进行后期制作。除此之外还有一个新闻编辑室以用于直播新闻或者是用一种可以连接声音片段的软件来录制节目。

演播室中核心的仪器是调音台。这是一种控制与连接不同播出和传送设备的控制面板。调音台桌面的设计是非常重要的，特别是在主持人自己操作的演播室，他一个人必须要能很容易地接近所有的演播设备。调音台还通常要控制两到三个电脑屏幕，让主持人同时播放音乐、短特效、广告、事先编辑过的新闻快讯以及文本和电子邮件等。例如,在一个新闻编辑室中,很有可能一个屏幕出现新闻提要,另一个用于播出公告。此外,大部分演播室都设有电话平衡系统,允许在节目直播中插入电话或者播出电脑里前期制作好的采访录音。新闻编辑室一般都非常小,室内演播室通常会为了更好地接待来宾,相对宽敞。

尽管演播台上成排的旋钮、按键和闪烁的仪表看起来很吓人,但这些实际上是很简单的。每个纵向排列的线路控制着声音源,比如麦克风、CD机、电话或者前方媒体工作室网线等等,通常它们被标识是与哪些旋钮相连接。在一些演播台上的频道旋钮有双重作用,能够在两个功能中相互切换。同时还有平衡键来调整音频的音色,一个切换键来把声音从一个声道转变到另一个声道。但是通常情况下这些都是预先设置好不需要调整的,除非试图用来创造一些吸引人的效果。

可能每个频道最重要的部分是通过控制器调整声音。声音通过一个仪表来测量,仪表通过视觉指示性来让人们感受声音的不同等级。一般有两个体系来测量声音的等级——音量和波形。音量的数值表明了记录和回放的平均等级,波形则显示声音的峰值。区别音量和波形的方法是想象喜马拉雅山脉的平均海拔是18000英尺,而珠穆朗玛峰的(实际)海拔是29035英尺。一个音量值的感觉是18000英尺的平均高度,而波形显示的则是在29035英尺的最高顶峰。也就是说音量单位在便携式录音机里更加常用,而大多数演播台用的是波形测量。

电台已经预先确定频率,以确保输出的声音峰值均匀稳定。如果频率波动过大,听众就不得不经常调整收音机的音量。但是要维持同样的频率也存在一定的技术原因。如果频率太低,发射器会人为地提高频率,同时输出"嘶嘶声";而频率太高的话,声音就会扭曲不容易被听懂。或许每个电台都有自己不同的标准,通常用增益按钮来调整频率,调到4会到达音乐的峰值,调到5则是到了说话声音的峰值。之所以两者不同,是考虑到了录制音乐时音乐已经被压缩过了。通过在某个频率播放谈话和音乐,它们在录音机里播放出来的时候听起来一样。同理,电话录音的频率有时候稍稍被设定为高出5,这样在播出的时候听起来就和其他的音频一样响。

为了使任何输出的频率在播出之前都经过调整,每个频道都有一个设定的监听设备,它能通过不同的声音线路,让主持人听到声音源及他们的音量。比如,在做一个录音棚直播采访之前,当歌曲或预先录好的部分播放时,为了考虑到被采访者的音量,主持人会留出时间去调整嘉宾的话筒声音,并确保两个麦克风能在同一音量标准被收听。从理论上来说,任何通过录音棚电脑播出的,应该不需要再调整淡入淡出,因为它都应该被加载在规定的标准线上。然而,在实践中,情况往往并非如此。在正式广播之前,应该把所有可能发生的情况都检查一遍。

头戴式耳机是广播电台工具的一部分。对于新的播音员来说,这样的耳机可以帮助他们尽快地习惯使用这类工具,他们可以通过麦克风听到自己的声音。尽管一开始一两秒钟的延迟会带来小小的不安,但一段时间之后就会习惯。而且耳机确实是一个重要的设备。他们不仅可以预先设置淡入淡出的标准,而且还能保证主持人与其他嘉宾的联系以及听到自己节目的输出。大多数录音棚都是由录音者自己控制扬声器的播放,但只要打开麦克风的音量控制器,录音者就可以切断扬声器,防止回音,并且,播出的部分只能通过耳机听到。耳机也可以让主持人通过对讲系统与导播或是技术人员对话,他们通过 ISDN(综合业务数字网)线路,与导播室以外的资源保持联系,就像热线电话、交通新闻中心连接一样。

交通与旅游新闻

这是电台节目重要的组成部分,尤其是在地方电台。他们给听众提供服务,同时通过本地线路和公共交通运行加强社区与广播的联系。许多电台会在每天的早餐或交通高峰期时间,每隔 15 分钟就提供交通和旅游的插播信息,而在其余时间段则是每隔一个小时进行插播。

为了获得实时的交通信息,电台动用了广泛的信息来源。大部分电台与一些商业信息服务机构签订了协议,例如 AA 道路监察局或地铁网络,他们都通过 ISDN 线路将自己的站点播报员与电台相连接。有些电台还与地方政府合作,用交通监控网络系统来报道交通拥堵情况,并提供道路预警信息。电台常常鼓励听众打进电话,分享他们所遇到的交通路况信息,有的甚至雇用直升机或摩托车驾驶员来对一些区域进行巡视,以确保交通信息的准确。

新闻编辑室

大多数广播电台会有一个专门为新闻节目的记者而设计的开放式特定区域。例如,在大多数 BBC 地方广播电台,电台记者们与那些 BBC 电视台和 BBC 网络记者们一起工作。在一些商业电台,记者们的工作中有一部分是陪着主持人并参加商业活动。虽然有时意味着新闻工作间看起来像其他任何办公室,但这也意味着电台所有工作人员的有效整合,这样才会增强电台所有播出节目的意识,而这将会创造电台更清晰的标识度。

新闻编辑分管电台的记者决定什么样的新闻将被报道,以及如何报道(见第 6 章中的新闻电台的作用)。记者收到发过来的新闻,编辑完后把稿子发送到一台中心电脑中。这些稿子也许会用于节目或公告中。每个记者都有一个工作平台去下载发给他们的音频,进行编辑,整理线索,并经常使用麦克风录制声音和电话采访。在过去,很多工作必须在一个工作室里完成,导致制作新闻十分耗时。

剪 辑

广播节目在正式播出前一般都要经过剪辑。最简单的剪辑是剪辑"头对尾"。这种剪辑关注片头和片尾,以确保片子能顺畅播出。但一般来说,为了删去无关信息,或时间不够,或内容冗长,播前材料还需要被更仔细地剪辑。剪辑在材料的重组方面也很有作用。比如我们可以把受访者对第三个问题的回答提到最先来加强效果,然后再放第一第二个问题的访谈。又比如,我们可以把最棒的片段放在音频轨的最开始,虽然这个片段是最后录制的。

但不管出于什么目的,剪辑绝对不能歪曲受访者的意思,也不能把问题张冠李戴。比如你把受访者对这个问题的回答剪成那个问题的答复,如果受访者认为自己的意思被扭曲的话,这样做不仅不道德而且还会引起法律纠纷。

《BBC 编辑指导指南》和《广播守则》都有章节谈到对采访中的公正性,包括在新闻节目中,提出了处理这个问题的建议。《广播守则》(2005)谈到:

如果一个人被邀请去参加节目录制(除了不重要主题的节目或是他的参与性很小),正常情况下他应该经历下面的几个程序:

• 告知节目的性质和目的,这个节目是关于什么的,关于为什么他们会被邀请来参与节目作出详细的解释,并且告诉他们节目首播的时间和频率;

• 告知嘉宾希望他们在对应的节目有什么形式的发挥,比如,直播的,录制的,采访的,讨论的,剪辑的,无剪辑的,等等;

• 告知问题的范围及其他嘉宾的具体情况;

• 要警惕随着节目在播出过程中与原先设定的巨大变化,因为这些变化有可能违背他们最初参加的意愿,并造成节目内容缺失公正性;

• 告知合同中的权利和义务,以及相关的节目制作人、广播公司的权利和义务;

• 告知如果有机会可以预览节目,他们是否需要对节目作出改进;

(章节 7:2—7:4 2005 年)

规定还补充,如果采访者的年龄小于 16 岁,必须获得父母或者监护人的允许,对于超出自己能力回答正确的领域,他们不能做出评论。比如,如果一个 10 岁的儿童对政治事务发表见解则将被认为是不公平的。最重要的一点是该规则规定,当一个广播节目剪辑完后,内容必须公平地呈现,如果为同一个目的而记录的材料在以后或者不同的节目中被使用的话,这不属于不公平的行为。

编辑音频的目的在与创造出一段自然流畅的声音,让音频有一个引人注意的片头和片尾,并适量删除采访中的语言卡顿或者被采访者的语塞,尤其是一开始回答问题时,采访者总会说的那些多余语句,比如"好吧,我想想……额……"之类。但是删除这些语句卡顿的片段有可能会带走一些内容:有时表达方式和表达的内容同等重要。就像马丁·辛格乐和辛迪·维尔林家指出的,在政治访谈中,这点尤其准确:"这时制作人就可以用这些停顿来表现不确定,不熟练,或者是不诚实。"(1998:98)

目前有许多可用的剪辑软件包,但他们的运行原理都是相同的。剪辑软件被下载到电脑中,有显示为一个波形声音的可视化文件。它可以显示波峰和波谷的记录,你可以移动鼠标拖至想要剪切的始端。也可以选中,然后按删除键,它就可以被删除。通常软件还会有一个放大缩小的功能,它可以放大波形,确保剪辑的精确性。

该系统与剪切和粘贴的文字处理软件非常相似。它的主要优点是,不管对音频做了多少次的编辑,还是会保持原来的音色,一个粗心的剪辑错误可以轻易地被修正,声音质量不会发生任何损坏。

数字编辑对录音质量相对比较宽容:较低水平的音频质量可以被提高(在一定限度内),录制的声音听起来比较清晰,跟同级别的音频质量一样。也就是说,那些已经失真的音频是无法改善的。

在大多数电台新闻编辑室所用的系统,至少有两个轨道,通常是四个。这样主播就可以把声音特效或音乐进行打包,在不同的轨道上进行录音,然后在适当的水平线进行混合。当然,把音乐和特效放在一个声音轨道上进行编辑是可以的,但如果把每个声音分开放在各自的音轨上则会更容易些,这样就可以在最终输出音频前进行各自剪辑。在音频完成后,它可以重命名保存在相应的新闻文件夹里。

大多数新闻编辑认为,数字编辑相较于老的模拟系统,编辑起来更快,更容易使用,编辑后的音频质量也更高。但因为它是一个视觉、听觉一体化的过程,所以会有这样一个趋势,在波形中每一小段剪辑完后,可能会使声音变得不自然、生硬。记者应该确信观众更关注的是记者的声音,这远远比它如何在屏幕上显示来得重要。但是在新闻编辑室,电脑不仅仅作为剪辑使用,它们也可以用来复制,整理简报,搜索新闻,接收音频和外部文件。

大多数的电台公司,像 BBC 电台或 GCap 电台都有一个播放和编辑声音的系统,以及得到像英国报业协会(PA)、信息资源网(IRN)和天空新闻等类似的外部资源,并获取由该电台其他部门制作的素材。BBC 中所有的新闻编辑室网络,通过 ENPS(电子新闻提供服务)相互连接。例如,在布里斯托尔,每个地方和区域电台,以及每个国家新闻编辑,都可以看到在纽卡斯尔所报道的新闻,如果它是相关联的话,他们可以检索到它并用于自己的节目中。

ENPS 也可以将新闻编辑室与各种无线服务机构相连接,如可以把路透社、PA 以及 BBC 区域新闻服务电台的当天头条新闻进行复制,用于新闻概要公告。为了确保相关新闻不被遗漏,新闻编辑们会对每条新闻列一个关键词表,通常这些关键词都是相关的乡镇名、国会议员、体育俱乐部等等。当新闻出现时,由于有了关键词表的检索,这些新闻会在电脑屏幕上出现,以方便审核。

来自伦敦以及国外的音频素材,通常是通过卫星发送到地方新闻编辑室,保存在工作室的核心电脑上。新闻编辑室使用一种叫做 Radioman 的系统来进行编辑素材以制作节目。通过 ENPS 和报务员系统的综合使用,新闻编辑们可以从一个终端跟踪当地和国家的新闻事件。该系统允许用户访问工作的进展情况以及档案材料。每个文件都是电子式的存储,通过关键字进行搜索可以汇编节目,如年末节目回顾制作变得更便捷,并为新闻事件的编辑提供了有效的数据信息。

前面提到过电话和 ISDN 的采访可以直接录到电脑上,新闻编辑室还可以通过电台转播车或是通过 ISDN 获取记者在现场发回的音频。一些 BBC 电台给记者们配备了 E10s,这是一个小型掌上移动智能手机,通过无线网络,手机上可以传输有质量的声音文件,也可以进行基础剪辑并用于新闻简报。这样就可以避免记者们亲自返回电台移交素材,他们可以马上进入另一个采访中。

大多数商业电台都有类似的系统。GCap 有一个叫做接合的系统,这个系统可以让他们播放音频并剪辑。通过矩阵系统,他们可以访问 PA 和 IRN,做关键字搜索。商业电台往往比 BBC 新闻编辑部的员工少,与一些电台连接这些系统,有效地提高声音资源的利用率。也就是说,如果你们的编辑部没有人有空做这样的新闻,其他集团的记者已经做了,通过搜索找到这则文件便可利用。

麦 克 风

考虑到工作方式上的一些细小差别,在不同情况下使用的麦克风一般有三种类型。一般来说,电台的技术人员会建议每一个不同的麦克风应在何处如何使用,这三种麦克风是:

铝带式话筒:这种麦克风是双向的,能在 8 字形的范围内采集声音。一般放在支架上或悬挂在天花板上,最常用于演播室内的访谈或讨论。体育记者使用一种叫特殊的铝带式麦克,也叫唇式麦克风。这种麦克风正如它的名字一样,在麦克风上有一个特殊的支架,可以采集附近的声音,以便能在嘈杂的环境中听到记者的报道。

动圈式麦克风:这可以是单向的——近距离采集麦克风前的声音或者全方位采集环境音。通常被用于新闻演播室。电台主播也倾向于用这种麦克风。

电容麦克风:这种麦克风需要从电池或者录音机本身来获取电源。他们通常作为领夹式麦克风,用于长时间的外景采访。

麦克风所使用的类型是视情况而定的,在每种情况下,为了确保一台高技术高效的节目,都需要在正式广播或录音前,设定相应的程序。

新 闻 阅 读

播音员有责任确保新闻播报的正确性和排除技术性瑕疵。通常情况下,播音员应该在播送开始之前几分钟来到播音室,这样会显得轻松自如而不慌乱.在很多播音室,播报内容是显示在电脑上而不是在纸质稿件上的。播音员通过操作键盘鼠标或触摸屏来显示在屏幕上或者存放在电脑里的播报热点新闻和简讯。

在播音室里,播音员应该在不离开麦克风的情况下操作电脑,从而更加简单地控制播音。当使用纸质稿件时播音员要拿着它们,这样在新闻播送完后可以悄悄地把稿件放到一边。像之前提到的,大多数的播音室用的是一种单向安装的麦克风。这个麦克风被设置与鼻子底部同一个高度,以避免出现爆音混淆"p"和"b"的声音。比起正对着扩音器讲话,你应该对着它上面或者下面。然后播音员需要根据他们的声音设置声音级别,这样做最好的方法是在读第一条新闻时就决定下来或者再调试,以使得你的声音峰值在 4 到 6 之间。

许多新闻直播间被设计成由播音员站着播送新闻,声乐导师凯特·李认为这样特别适合新手主播,因为这使他们更加容易组织语言,并使他们的声音更加富于感情色彩(见第 5 章凯特·李的技巧)。但是,《心动 106》的新闻编辑尼克·威尔森则表示,当他的播音员在录制一个 15 分钟的新闻杂志节目时,他告诉他们要坐在靠背椅子上,可以帮助他们的声音放松、自然。

在调试完麦克风之后,播音员要检查所有使用的简讯和音频以确保他们的峰值也在 4 到 6PPM 之间。一般情况下剪辑的音频都是检查过的,但是为了节目播出万无一失,再次检查还是必须的。

一旦消息发出叮当声,播音员应该在打开扩音器自我介绍之前先做个深呼吸。一些播音员喜欢在播送时让麦克风一直开着,尤其是当简讯比较短时,但是在播送简讯时关闭麦克风的好处是可以让你做下深呼吸,这样在播送下一段新闻时你的声音会更加富有磁性。

采 访

采访的一般方法——准备、联系被采访者以及整理采访提纲,都会在第六章里详细描述。这一部分将主要研究采访时需使用的不同种类的机器。

一 对 一 演 播 室 采 访

无论是演播室直播采访还是录播采访,虽然被采访者使用单独的麦克风,但通常在条件允许的情况下,双向传声器是最好的选择。使用两个麦克风时,调整工作非常简单，只需将麦克风放在使用者各自合适的位置即可。只使用其中一个双向传声器时，则需考虑将其放置在采访者和被采访者之间合适的位置。如果被采访者说话很小声，那么应该将传声器放在离他近的地方。反之，被采访者声音大则应将其放置在较远的位置。

采访者可以通过进行简单的问答将被采访者的麦克风调整至合适位置，例如问他们的旅行如何、天气如何等等。如果是直播采访且没有很多的准备时间，那么最佳建议是，提前告诉被采访者如何开始将要谈论的话题，这样既可以收集被访者的思路，也能使双方对第一个问题做出一致反应。在任何的场合中，只要采访在进行中，采访者都要随时检查麦克风是否被放置在一个平稳的位置。通常平时说话声很轻的人不会在意识到正在直播或者录播时突然发出很大的声音，但要提醒采访者的是，万一此类情况发生，则需及时调整话筒高度。此外，眼神交流、不时地微笑和点头，都是成功的访谈所必备的要素。这样还可以避免不断地观察声音峰值表。但在采访中，要根据所说的话改变音量大小，所以偶尔观察峰值也是必要的。

讨 论 式 节 目

讨论式节目通常使用双向传声器，但偶尔的情况下，每个参与者也会佩戴领夹式话筒。多个话筒的使用意味着每个参与者的话筒高度都要依据个人需要调节到合适的高度。然而，只使用一个话筒时，被访嘉宾的座位需要重新调整，以便使每个人的音量大小听起来相同。还需注意的是，当使用领夹式话筒时，应让被采访者注意到，不要在说话时将手放在喉咙处，以免麦克风被遮住或发出噪音。

户 外 录 制 采 访

外出采访前，我们需要检查设备是否已经准备齐全且可以正常使用。就像不同的电台使用不同编辑方式和播出系统一样，各式各样的便携式数码录音机都同时被广泛运用在工作中，包括小型磁盘、固态数字马兰士录音机和麦克风录音一体机。每一种都有其优势和劣势,但是可以通过闪存卡(取决于录音频的种类)和读卡器,转换到电脑上,制作出高质量的音频。或是通过连接数据线,实现所录文件在电脑上的编辑。

大多数的录音机通过普通电源带动机器运转,有些也可以使用可充电电池。任何一种情况下,记者在外出采访前,都应检查电池剩余电量,如果外出采访时间较长,则应带上备用电池。另外,检查麦克风是否可以正常运作也是一个记者明智的举动。大多数小型磁盘录音机和数字马兰士带有内置的麦克风,但是它们保证不了声音的质量,所以在使用之前检查一下你的录音机是否设有一个辅助麦克风,确保麦克风导线插在正确的插座上,是很重要的。一旦你听完测试的内容记得把扬声器关掉,不然在你打开开关开始访谈记录的时候,会有回音出来。如果访谈在户外进行,要给麦克风配置防风罩,即使不是一个有风的天气,一缕微风都有可能通过麦克风发出嘈杂声,从而使访谈无法正常进行。

到达目的地后,访谈进行的位置也是要考虑的。演播室之外的大多数地点都是有一些缺陷的,会造成记录失真,你需要意识到这些,并且避免犯这些错误。比如说在办公室进行访谈不太好,里面有很多电器设备干扰,所有的电气设备都有可能成为雷区。在可能的情况下,要求你在采访时把电脑关闭,最起码移开或远离它们,否则麦克风中会有电脑的嗡嗡声。同样必须要警惕空调设备,确保不会在它们附近录音。在可能的情况下,也应该要求手机不插电,确保其他人也这样做。

还有一种极端情况,大型空房间里高高的天花板和没有铺地毯的地板也会带来问题,声音反弹到墙壁上,让采访的声音好像是记录在一个矿井的底部。在其他地方做采访,也要尝试抑制尽可能多的反射声。做到这一点的方法之一是站在房间的一个角落里,自己和受访者的位置呈现"V"字形,以捕获尽可能多的声音。如果这不可能,可以尽量接近被采访者坐,把你的身体当作一个屏蔽声音的盾牌。

任何情况下,即使在最随意的场合,你也应该尽量接近被访者,感觉你们就像是在聊天一样,但当被访者感觉自己的私人空间被侵犯的时候,他们会受到惊吓,所以有时你要向他们说明更加接近他们才能更好地记录,这样他们便会安心。如果被访者在访谈中保持站姿,那么你要选择合适的位置面对被访者,这样可以接近被访者而又不会给他们压力。站在某人的正前方,会使那人有后退的趋势,最后会使他们靠墙站立,而这明显不是轻松自然的访谈方式。如果你坐下来进行访谈,那么要把座位安排成"L"形,这样你们的膝盖几乎可以接触到。如果访谈在圆桌前进行,不得不把麦克风放置得很远,这样不仅尴尬,还会有你的声音听不清楚的风险。同样,在访谈中移动麦克风,很可能会发出吱吱声,影响访谈正常进行。

尽管手持麦克风相当强劲,但它对运动非常敏感,尤其是导线接入扩音器的部分和连接记录器的部分。麦克风应该要牢牢握在手里,导线要在手上环绕一圈。确保导线联接到麦克风时不要太紧,这样就不会拉扯。在访谈时你所在的位置应该保证麦克风所受的移动幅度最小。

一旦就位就要设置合适的频率。设置合适的频率很重要,低的音频状态下记录下来的访谈在传输时要进行加强,这不仅意味着要花更多时间来编辑,还会产生一个恼人的嘶嘶声。而记录访谈的音频过高的话,会使声音扭曲不适合传输。在演播室访谈中,你可以通过必要的交谈来设置音量等级,可以说这也是保证访谈进行得轻松自然的手段。

将麦克风放置在离被访者嘴边一个手的距离。如果太近,它会产生侵略感觉,分散被访者讲述的注意力。麦克风大致应该位于被访者和访问者之间,除非你的声音够响亮,这样的情况下你不得不移动麦克风,直到你给声音找到一个平衡点。要克制你和被访者之间的麦克风不停移动的冲动,这可能会导致麦克风发出吱吱声,还可能使你们中某人的声音听不清楚。相反,你可以将麦克风倾向正在说话的人。一个不错的办法就是在开始录制的时候给出被访者的名字并标识位置,以方便节目录制过程中麦克风的辨识位置记录。

大多数录音机可以通过手动设置或自动设置等级来控制它们。自动控制工作原理是通过保持信号不失真,并在它降低的时候加强它。但是保持信号的问题在于，自动控制会使用任何背景噪声，并把它们加强到与访谈相同的音量，这会导致完成记录时的"飙升"效应。手动级能做出质量更好的记录，也能让你更好地控制它。例如，如果你在做一个交通系统的报道，你可能想要采访一下在公交车站的巴士司机来使报道更加生动。通过手动调节等级，公交车站的噪声和被访者的声音就能清晰地分辨出来了。如果用自动记录，那被访者讲述时的每一个停顿都会充斥汽车的噪声，而这些和采访一样音量的噪声不仅在后期制作中都不能删去，而且听起来也会很不自然。一般来说，自动记录只有在非常安静等近乎完美的条件下进行。

结束访谈时要检查所有记录下来的内容方可以离开。你不需要回忆整个过程，只要进行倒带确保都已记录下来，就可以表达谢意，然后离开。如果因为一个错误而要重新做访谈，这可能会令人尴尬的话，那么磁带上什么都没有记录下来就回到电台则会更加令人尴尬。在你离开之前还应该确认访谈对象的各种细节——全名、合适的标题和至少一个联系人的电话。

最后，在回电台的路上最好完整地回想访谈记录。这会提醒你说了什么，能让你内心有点想法，这样当你回去制作的时候就知道用什么线索，用什么片段剪辑。

广播与技术

这一章很清楚地显示，技术的进步使得广播播报更加简单：需要学习使用的设备很少，而如何获取好声音的方法却很多。但是对主持人或记者来说，能够区分录制广播节目中声音的好坏仍然是一项技术活。

智能化电台的一个缺点在于每组电台都有特定的系统，新手要学会使用这一套系统才能以主持人或记者的身份真正进入电台工作。然而，每个系统背后的原则意味着能够操作一个就可以更容易理解所有类似的。于是对于有潜力的广播职员的建议是通过反复的使用和实践，对系统是否实用有一个明确的认知和了解。

技术的革新意味着电台节目可以更有创造性，可以用更少的时间创造更多种类的声音。电台是用来交流的，就如下一章提到，有各种各样的节目类型用来实现这个目的。这个进程所涉及的技术应该用于提升交流的质量和范围，而不是试图支配交流本身。对于技术来说，仅仅使电台传播得更快是不够的——它应该变得更好。

第八章　广播节目类型

　　所有的广播与听众有着联系,有些广播节目的类型与听众的联系尤其密切。比如,热线电话,需要听众打电话进来才能展开节目;有时候在突发事件的情况下,听众通过热线参与广播节目,并依赖它们所提供的建议或信息。当地的广播节目也发挥着服务功能,如在选举中。国家广播播出的内容一般只是选举的概况,但当地广播节目播出的内容可以更富细节、更加生动。广播剧与听众则是另一种互动。广播剧,不管是肥皂剧、系列剧还是长篇连续剧,对听众来说,收听是次要的,重要的是他们需要进入广播剧中节目的角色,然后演绎出他们对角色理解的另一个世界。

　　这个章节将介绍四种常见的广播节目类型。首先介绍比较流行的形式——电话热线,然后再讨论在突发事件和大选中广播的报道形式。最后将探讨广播剧,阐述如何为广播剧写剧本,并且为将来要成为广播剧作者的写作人士提供一些建议。

热 线 电 话

　　1968 年,广播热线电话节目首先在英国当地的 BBC 广播中播出,这种形式的节目被商业电台采用,1970 年后开始单独出现。广播热线的节目主持人布莱恩·海耶斯提到:"在早期阶段,这类节目是新奇的,但其中大多数都很无聊",

部分原因是制作者非常谨慎，只允许公共的话题在广播中播出，话题相对安全，他们不想引起争议，另一部分原因是听众还没有掌握技巧来参与到节目中。正像琳达·盖奇指出的，"经过若干年后，当作为电话参与者的听众，他们逐渐理解这类节目的制作者，也明白他们需要什么，听众才真正变成了有技巧的电话参与者。"不过特雷弗·丹恩，广播学院的导演则认为，轻松的广播让公共新闻变得无趣。"我听到这些真实的声音跟以往不同"，他说，"在过去的四十年中，电话热线在思维方式上得到了发展。"

从一开始，热线电话在直播中被看成是一种廉价的方法，因而在商业电台中被使用。节目中经常会播出许可的演讲或是音乐内容，这很简单——通过演讲内容达到制作者所需的节目水平，但很快这类节目很明显有了其他的功能。通过听众来电，电台与听众之间创建了对话：电台不仅把内容传播给听众，还让听众在节目中发言。广播热线电话给那些不愿意公开商议讨论的人提供机会，节目让他们表达自己的想法并且参与到公共事件的讨论中。正如史蒂芬·巴纳德指出，"鼓励听众参与到当地或是国家的议题讨论，是一个非常重要的、具有好名声的催化剂，它使电台能够强调广播节目自身的参与性和在民主过程中的承诺。"

电话热线的民主性又是一个另外的问题。广播节目主题一般是由制作者或是主持人来选择的，打进电话来的听众在直播前也是经过筛选的。在直播中，如果他们的观点违背了被认同的主题，主持人会把他们的观点纠正回来，甚至切断他们的声音。最终节目被他们的制作团队所掌控，主持人设定基调并掌舵着讨论方向。安东尼·贝勒科姆，BBC广播2台和音乐6台的管理编辑，提到广播电话类节目内容的重要性：

> 这类节目不应该有太多的东西，因为它不是被制作的。你必须知道它会怎么发展，还会持续多久，是否聚集在了焦点上？根据听众讲的内容，我们如何组织故事？广播电话不仅仅是抛出一些有争议的话题，让听众打进电话按顺序发布意见。我更愿意说，你们要倾听听众是怎么说的，分析他

们接下来是否有好的观点,是否有价值的内容,要训练什么是你们需要传递给听众的信息,这样他们才能快速正确地获得。如果你在听 BBC 广播 2 台杰里米·拜恩的节目,热线节目的主持人有很多技巧。他们知道怎样能使听众抓到关键点,让听众知道什么是他们真正需要的,所以听众会很快抓住关键点并围绕其发表自己的想法,而不是用官腔搪塞过去。节目中也经常这样表达,"杰里米将跟你沟通"或是"请与杰里米沟通"。事实上用这种方式来介绍听众,而不是用"你现在感觉如何"。这是非常重要的表达技能,听众知道主持人说什么,也会跟进节目的发展。

广播电话节目需要反映不同层面的广播各自的品牌。广播标准委员会和广播权威机构的研究表明,听众渴望在电台互动中知道他们要如何表现,以及他们根据不同的主持人需要什么样的不同对置办法:

> 如果主持人以对听众"苛刻"的风格而闻名,听众应该接受或者知道他们在节目中可能会被刁难。有些节目互动者认为这些听众是"自讨苦吃"。但有些人认为,如果参与节目的听众在节目中表现得更聪明或是思维更快的话,他们就不会被愚弄。(哈格雷夫 2000:20)

英国的霍华德·斯特恩,一个有着美国风格的口无遮拦式电台唱片主持人,他会使用奚落听众和故意粗暴的语言技巧,使听众根本无法应对。即便如此,这类有争议性的电台节目主持人也发展了他们特有的主持风格。《谈体育》的主持人乔恩·高特主持了一档每周末上午的主题广播电话节目,在网上他被形容为英国最具有争议声音之一的主持人,大部分原因是他的右翼视角和对听众粗鲁的态度。尽量背负着"恶名",他还是努力经营着他的听众。2001 年,他和他的团队在鲁顿三个县的 BBC 节目因报道沃克斯豪尔汽车工厂的倒闭获得当年的索尼金奖:

如果想要听众在节目中分享他们的隐私事情,你必须告诉他们你自己的。我们能获得索尼金奖是因为那个工厂的工人认识我,天天打电话进来参与节目,他们信任我。当沃克斯豪尔汽车工厂让他们丧失了工作权利,他们第一个会想到和谁说? 这听起来他们有些屈尊。但那些工厂的工人不知道他们的下议院是谁,他们也不会写文章给报社,不参与到整个过程。他们是我在电台节目中的听众之一。(引用自银色 2007)

这样看来主持人的风格并不是很重要,重要的是听众参与节目的渴望程度。比如 BBC 直播 5 台,他们的听众渴望在礼貌和和谐的氛围中与类似《谈体育》的节目主持人讨论,尽管这些主持人在电台节目中的风格经常是粗鲁的、固执的。BBC 直播 5 台的负责人艾德里安·范·克拉维伦承认,热线电话的作用很难来概括,事实上你所做的事情总是会有不同的评论,而这些评论中多数是负面的。(引用自普伦基特 2008)

不过,那些大多数固执、粗鲁的电台主持人在实际的操作中也有他们的职业底线。英国最著名的电台电话主持人是詹姆斯·威尔,1974 年他在纽卡斯的一个叫《都市广播》的深夜节目中开始了他的电台生涯。通过严肃的态度他吸引了一批忠实的粉丝,这个风格在当时的广播节目中是非常罕见的。1995 年,他加入《谈体育》广播栏目,成为这个节目主持时间最长的节目主持人。直到 2008 年 5 月,他因在市长的选举中鼓动伦敦的选民把选票给鲍里斯·约翰逊,违反了 Ofcom 广播规定的应有的公正性。根据他们规章的第五章第九节,主持人不能使用他们已有的优势去煽动群众的想法,这会有失应有的公正性。电台主持人必须是鼓励多种声音的出现,但是不能驱赶其他的声音和观点。

像《谈体育》,谈话广播这种电台形式始于 1995 年。电台广播节目选题依靠着从政治到体育等话题。他们的主持人也是有鲜明风格的,有权表达他们的观点,同时也使其他的观点在同等程度上得到传播。早些年安东尼·贝勒科姆在《谈广播》的节目中工作,谈到热线电话节目的趋势已经引起一些抱怨:

那时候如果听众把节目的抱怨给 Ofcom，那么每年许多商业电台都会不高兴。我处理这样的事情，一年大概有 120 起。站得住脚的理由有两三个，其中包括一个事实，那就是节目没有超过观众的预期程度。我想过我们应该把节目真正的预期设置在哪里？什么是观众期待的？那些被广播管理局支持的听众投诉，后来在彬彬有礼风格的主持人广播节目中是不适用的。并不是说詹姆斯·威尔在节目中太粗鲁，而是有些听众星期天下午 3 点在广播节目上参与时间过于短暂。我想处理类似这样投诉的办法是创造、保持观众的期望。

最流行的热线电话节目的模式是一个主持人，加上一或两个嘉宾展开讨论。这些节目经常涉及的主题是新闻故事、消费议题和咨询热线。有些节目展示着节目的时事性，像 5 台的《维多利亚德比郡的生活》，每个周末的上午播出，热线电话围绕讨论着最近新闻故事中的话题。又如其他的像 BBC 4 台的节目《钱盒子》，谈论个人理财问题，像这样的节目听众可以提前知道节目播出的特定主题。

如在节目直播的过程中没有过多的听众打进电话时，导播室的嘉宾可以帮热线电话节目主持人和制片人分担压力，在主持人的引导下他们还可以同时讨论。当然，热线电话节目也可以利用文本甚至邮件的方式使讨论顺利开展。安东尼·贝勒科姆解释道，在广播节目中使用文本拓宽了参与到节目中来的人群。

有时候你可以很好地利用文字。有些人说不想来到直播现场，或是在电波中不会用合适的词句表达，但他们可以使用文字的方式。虽然这些文字会很尖锐，但可以帮助节目进行下去。节目最后文字也成为了一种工具。广播节目制作者得到了工具配件，文字可以成为记录的盒子，也可以成为好的台本，可以成为新闻简报，可以成为专栏。这是制作者的技巧，将一切可能的工具更好地运用到节目中来。

热线电话节目吸引大多数观众的原因，是因为他们的观点可以听到各种不同的声音，但这对实时公共播出是非常危险的，这也是为什么商业电台需要使用延时播出系统的原因。主持人一般控制一个红色按钮，用来切换来电听众的咒骂和一些引起诽谤诉讼的内容。即使听众的诽谤是无意的，电台对他们播出的内容也要负责，因此电台非常谨慎地对待电波中的内容，比如听众开始提到名牌或是特别的人物。红色按钮允许电台播出可以延时至多 10 秒，所以当主持人遇到任何唐突的内容都可以使用这个按钮。

BBC 广播的热线电话播出没有延时系统。安东尼·贝勒科姆解释说，听众的观点在直播前已经被导播润色过，有些听众在上直播节目之前已经获得了一些技巧。"当然他们在节目中，他们可以表述任何他们想说的"，"如果你的制片人没有警告这些，在节目中你可能被听众愚弄。"

但是 BBC 机构已经意识到热线电话的潜在危险，编辑指导原则（具体查看www.bbc.co.uk）提出了下列建议：

热线电话节目可能通过文本、邮件和红色按钮与听众交流。热线电话节目的直播特性要求我们提高警觉性，听众来电可能会说一些违法的言语或是导致一些不良的声音传播。同时，我们必须小心热线电话成为主持人表达自我意见的工具。下面的实践可以帮助电台将热线电话节目的风险降到最低：

• 电台的来电听众一般必须电话回访，如果有必要，他们打进电话来需要简单了解一下他们的身份和表达内容。

• 主持人在做节目之前应该阅读邮件和文字内容。

• 主持人应该足够地了解 BBC 编辑指南和法律，使他们可以快速、从容地从复杂的情况来切换电台节目内容。

• 当节目涉及一些有争议性的话题，比如虐待儿童，我们的制作团队应该大概知道如何处理这些敏感话题并且心中应有底线。

• 当节目出乎意料地接到观众想要分享他们伤心的故事时，我们必要时候要考虑故事的内容或是故事的延伸内容。

对于许多电台来说,大多数流行的热线电话节目是关于体育的。这类体育节目被主持人唤起热情时,甚至被深度地讨论,这就意味着节目是生动的。所以即使不是体育迷,你也会不可抗拒地收听这类节目。当地广播电台,特别是一些使用体育热线电话节目的电台,收到了明显的效果,因为当地听众没有机会在其他电波中来谈论他们球队的表现。这种流行程度在 BBC 广播 5 台的《六点零六》的节目中得到证实,这个热线直播足球节目始于每个星期六晚上,现在这个节目每周播出 3～4 次。

此外,这类节目是应对意外新闻发生的有效形式。来电对新闻事件进行直播报道,比如发生在 2005 年 7 月 7 日的伦敦一系列地铁爆炸案,非常有用。报道很快出现在电视上,有许多目击者,有些还不确定到底发生了什么事情,给电台打电话来求助。在爆炸时,乔恩·高特在伦敦 BBC 做一个早间的电台电话节目。在爆炸的地铁列车上有很多雇员,他要求他们打进电话来在电波中陈述他们目击的案发现场。随着时间的推移,爆炸案被证实是恐怖袭击时,越来越多的目击者打进电话来,保证了节目高收听率。正如广播学院的特雷弗·丹恩指出,"热线电话节目执行起来非常聪明,那需要一点新闻,听众就会来产生内容,那些内容也是无价的。"

突 发 事 件

上面的例子表明,广播的好处在于它能及时对突发情况作出最好的反映。它有能力改变它的播出内容,可以使大多数听众在危难时刻依赖这种媒介,哪怕听众收听着遍布在全国的 7 个电台的 7 个节目,知道伦敦发生着什么,也允许他们谈论着生活经历的变化。伦敦的电台尤其提供着至关重要的服务,及时更新着现在发生着什么。如同 FM 96《特伦特》的马克·丹尼森解释道:"有时听广播就像人们看新闻和读报纸一样,听起来俗气,但是人们视当地的广播就像他们的朋友一样,得到大量的帮助和安慰。"

最典型的例子是 2007 年夏季的洪水,数千人没有饮用水和电,因洪水被困在家里。在灾情最严重的格洛斯特郡,《塞文之声》成为了一条求救热线。在《塞文之声》节目里的新闻编辑邓肯·库克意识到电台可以帮助他们的听众:

> 人们可以依靠当地的电台,电台可以告诉他们真正发生了什么和可以住哪里,有时候可以获取从全国性报纸上获取不到的信息。当最初的洪水开始并且开始影响公路时,我们的工作就是告诉人们哪条道路已经被封闭,并且提供来自警察局、高速公路机构等的建议。当紧急情况变得更严重时,我们会提醒人们水已经短缺,哪里可以得到瓶装水或是关于公共健康的最新建议。

如果洪水夺取了整个城市,电台也是受影响的,电台的慈善机构经理威尔·努南解释道:

> 电台位于城市中心的右侧,虽然不会被洪水冲走,但也会没有水和电。很明显的我们广播不能没有电,因此我们会启动我们的发电机来提供 2 个小时的电能。同时,主持人和其他的人会驱车赶往我们在布里斯托的同盟电台,我们在那边传出我们的声音。

电台通常会在早上 6 点到下午 7 点播放整点新闻简要,但是灾情延续了两个星期,新闻播出时间从早上 6 点延长至晚上 10 点,每半点更新一次消息,这对四个人的团队是个挑战。邓肯·库克提到,他在格洛斯特郡亲自去报道紧急服务,提供每天新闻发布会的内容。另外两个记者去现场受灾的地方采访洪水受害者,第四个团队成员阅读专栏。大体来讲,《塞文之声》已经根据突发情况制作出应对节目。虽然在洪水来以前从来没有进行排练,但邓肯说那次节目做得非常好:

从听众中我们得到非常积极正面的回应，他们非常感谢最新的消息，这是一种我们和他们在一起的感受。我们有能力给他们提供真实的帮助，通过回答他们的问题和关心焦点，把这些问题从权威机构中得到答案。我想可以从这次经历中学到很多。作为一个新闻团队，这次事件让我们变得更加强大，如果将来发生类似的事件，也给了我们足够的应对想法，怎么样会更好，什么是我们需要去做的。我们也获得了一些新的联络，这也会加强我们与当局和警察局之间的联系。

作为新闻服务的延伸，《塞文之声》栏目是一个热情激进的团队，他们可以在适宜的时间内化成一道像闪电一样迅速的团队。他们深入重创灾区，分发瓶装水和基本食物，如面包。还为听众打进电话咨询问题设置了一条帮忙热线。威尔·努南作为团队的一份子，负责热线电话。在两个星期的紧急时期，他大约接听了 5000 个电话。他说这些经历使他更加意识到当地广播的重要性：

很多电话都是一些常规问题——什么时候我家的水可以来、交通怎么办，类似于这些问题。还有一些来自重灾区的电话，记得一个 90 岁的老太太打进电话来说，她已经五天没有喝水，没有人去看她，她不知道怎么办。这真的让你知道很多人在依靠我们的服务。我们带着水和面包快速地去看望她，同时联系了她的家人，她的家人也去接她。这是一个非常危急的时刻，令人高兴的是我们团队可以通过热线电话来帮助她。

威尔提到很多人接收着电台播放的重要信息，因为电台有当地信息，如哪里有最近的水源，什么时候水和电将会恢复。那些家里停电的听众，通过电池来收听电台节目。威尔解释道：

我们一旦得到消息就设法把它们挂在网上。一些信息在变得混淆之前我们会在广播中播出，同时引导听众来浏览我们的网页，网页中所有的信息,另外一些相关的网站也被链接着,提供了人们所需要的信息。

那次洪水的突发事件之后,蒂姆·布赖恩,格洛斯特郡警察局的负责人,公开感谢了《塞文之声》栏目,为公众提供了重要信息。在内阁洪水事件报道中,地方广播也被表扬。

> 媒体,特别是地方电台,起到关键作用,那就是传递重要的信息给受洪灾影响的人们……在很多例子中,媒体扮演着"友好的声音"播着公共热点问题,同时提供着一种让听众放心的感觉,特别是那时候被洪水围困和独自生活的的人。(摘自皮特回顾:从 2007 年洪水中吸取教训。引自 2008:41)

突发事件如洪水,彰显了当地电台可以将此处理得很好。广播这种媒介的优点在于它的及时性和便携性,结合着当地电台忠实的听众,在危难时刻使求助热线变成一个好主意。像其他电台类似于《塞文之声》栏目一样,突发事件发生时赢得的听众关注度比突发事件发生后更紧密。邓肯·库克提到,洪水的结果也很重要,电台与疏散到大篷车上的人们保持联系,在新闻中分享他们的故事。两个星期的灾难期间,他大部分都记得:

> 我记得这是筋疲力尽的两星期,但也是令人兴奋的两星期。我们身处于洪水的危险中,但在报道洪水情况、分享洪水中发生的故事时也度过了吃饭睡觉时间。我想说这是职业生涯中最难以置信的经历。

选举

提到选举,特别是大选,对广播报道来说应该是令人激动的经历,不仅是因为选举的激情,在选举中接近投票数的紧张气氛是可以被明显感受的;而且选举中涉及了很多规章制度的敏感话题。很多以音乐内容为基础的广播电台只能播出具有约束性内容的大选报道内容,比如"大选开始"或是直接把大选结果放在节目中。尼克·威尔逊,一位在东中部《心跳106》音乐节目工作的新闻编辑,提到当地的一些电台在类似像他的节目中,有很多实际的因素需要被考虑。《心跳》这个节目覆盖了31个选区,但毕竟不可能让它变成一个新闻节目。在节目中还必须要有判断,你们的听众中有多少人希望听到有关选举的内容。"在过去的大选中,我们不报道投票过程,但让大选成为我们的新闻提要",尼克·威尔逊解释道,"人们投票给当地的议员,当时在本地议员成员发生变化之前,听众也想知道谁会最后获胜。"

对其他电台节目来说,选举是特定时期的特别节目,可以填充白天的节目,同时跟进选票。如果有一定数量的选举,每年对选举的内容可以进行这样或那样的报道。大选至少是每五年举行一次。当地议员也是四年一个周期,有些议员会支持选举每四年举行一次,有些支持每四年中三年有选举,1/3的议员会在三年的选举中提名为候选人;然后有些是每四年中两年有选举,1/2的议员会在两年的选举中提名为候选人。欧洲国会选举每五年举行,补选举也可以随时进行。

在选举期间与印刷媒介相比,广播被认为具有更加严格的束缚性。报纸可以偏袒特定的候选人,政治运动中特别的政治政党,甚至是每天做一些具有片面性意见的民意调查。但经过1981年和1990年《广播法案》,1983年、2000年代表的《公民法案》,《政治政党、选举和公民投票法案》的共同努力,电视和广播必须提供公平公正的选举报道内容,也要有记录证明它们确实是这么做的。有些电台和他们的节目主持人从来不能在直播的电波中公开支持某位特别的候选人。如早些时候提到,电话热线节目主持人詹姆斯·威尔被《谈体育》节目解雇,就是因为他在2008年5月的节目中鼓动他的听众,在伦敦市长竞选的时候去票选鲍里斯·约翰逊。他所在的电台被罚款20000英镑,Ofcom对整个事件进行了深入调查。

BBC编辑指导原则(具体查看www.bbc.co.uk)和Ofcom法典(具体查看www.ofcom.org.uk)对选举如何报道都有对应的章节。这些规则贯穿于从宣布竞选到投票结束。Ofcom 对大选持续时间作了明确的界定：

> 对于国会的大选,这个时期始于宣布国会的解散。对于国会的补选,
> 这个时期始于法令的颁布或是更早些时间伦敦公布的这个时间。对于苏
> 格兰国会大选,这个时期始于苏格兰国会的解散,或者万一有补选,这个时
> 期始于国会议员的空缺。对于威尔士的国民议会和北爱尔兰国民议会,议
> 会和当地政府的选举始于截止公布选举通知。对于欧洲国会大选,也是始
> 于截止公布选举通知,在选举开始的前 25 天。所有事例中的选举终止都
> 止于投票的结果。(Ofcom 广播法令 2005)

这些法律本质目的在于,在选举期间对每个政治政党提供一个公正、中立
和平衡的报道。正如 BBC 指导方针中指出:

> 公正的选举始于采用对等比例的广播报道。然而,很多因素也要被考
> 虑。包括最近很多证据显示选举中很多支持者的变数,还有政治环境的改
> 变(比如新的政党或是政党的分裂),还包括一些支持者支持的原因。

指导原则中还详细指出从三方面实现报道力度的均衡:第一,简短新闻播
报;第二,长达 10 分钟的采访和讨论;第三,长期报道:

> 需要每一个时间段、每个星期内必须有责任把报道内容传达给听众。

可以理解,政治政党紧密地监督广播以确保他们与其他政党一样获得平等
的报道机会,广播机构也使得选举持续成为他们的报道工作。在过去,拒绝参
加广播节目的候选人事实上可以不同意报道在广播中播出,但是在 2000 年政
治政党、选举和全民公决的法案上,只要候选人有机会去参加任何广播节目的
报道,若他们不同意,也无法阻止节目的播出。

Ofcom 法典上对此做出了明确解释：

> 如果一个候选人上了一则关于他/她的选民或是选区的报道，那么大
> 部分政党的每一个候选人必须要给予同样的报道机会（然而，如果他拒绝
> 或是不能上采访报道，这则新闻还是可以报道出来的）。（章节 6:9）

这也意味着候选人能比过去更自由地被广播媒体进行采访报道。诺丁汉
BBC 广播的新闻编辑埃涅阿斯·罗特索斯认为这使报道变得更好。"因为我们
使得采访报道变得更有意思"，他还强调"我们现在思考和争论诺丁汉公众在选
举的时候关心的话题，而且把话题关联起来，在过去这个很难做到。"

广播电台网站的普遍性也意味着在选举区拿一份候选人的名单变得不那
么必要了，因为听众可以在网站上轻而易举地找到。这个明确的建议来自于
Ofcom：

> 在结束候选人的提名后，任何选民或是选区的报道还是讨论，必须包
> 括所有候选人的资料信息，姓和名，代表政党的名字。如果他们是独立无
> 党派的，那么事实上他们可以作为无党派的候选人。所有这些内容必须转
> 换为声音或是画面。如果选民的报道已经在一天不同时段的广播中播出
> 好几次，那么候选人的名单必须被报道一次。如果在同一天接下来的报道
> 中，选举的报道中没有提供详细的候选人名单，那么听众就应被告知在相
> 关网页中去找到对应所有的相关信息。（章节 6:11）

在选举期间，听众的互动环节也使得广播报道具有生动性和现场性，当然
在节目播出的整个过程中要关注内容的平衡型。比如，对于电话热线的节目来
说，BBC 指导原则上提到：

> 打进热线的听众会被问"如果你是候选人"之类的问题来试探。他们

被鼓励发言,但他们必须清楚地知道,他们的发言不仅要代表政党中的一位普通成员,而且要代表在国家政党议程指导下的一位公民。

在广播节目中使用的文本和邮件必须得到监督,才能确保广播传播内容的中立性,而不能使用来自节目投稿者带有偏见性的稿件。BBC指导原则中警告节目制作者必须提防一些有组织的政党可能对报道的歪曲。

在这个选举期间,节目制片人必须要求发邮件者留下他们的地址和电话,万一当大量的邮件被怀疑时,以备核实。同时,我们也不会在广播中公布收到来自各个政党问题的数目。

在选举期间,民意调查是另一个需要考虑的领域。BBC指导原则中承认,民意调查是"故事的一部分",听众必须被告知结果。电台必须小心地参照,听众也必须警惕,因为有时民意调查会出错。"即使当民意调查显示它的一致性,我们还是应该确保节目报道中的语言的规范性和重要议题的准确性,有时候这些报道内容存在不能被证实的可能性。"(BBC编辑指导原则2008)

很显然,与音乐类为基础的电台相比,语言类节目为基础的广播电台在大选期间对选举的报道内容会更多。但来自FM《时尚96》的路易斯·斯基林姆肖提到,即使以音乐为基础的GCAP电台(现改名全球电波),与过去收集资料相比,他们现在也会做关于选举的很多报道。

大选期间各个政党之间的战役会被英国媒体报道。一般正常的做法是把一周特别的内容放入我们延伸的专栏板块。在2005年我们剪辑了一个小片段。来自诺丁汉每个选区的三个主要候选人,分别在片段中提到如果他们被选,公众会从哪些方面受益,然后引导公众如何使用网站来查看其他候选人的资料和观点。报道中设计了一系列的关于每个选区的重要议题。

在投票日中,广播节目反而比平时平静,因为在投票开始时报道选民的投票情况是一种冒犯。这意味着电台只能涉及选举大体情况的报道，如天气情况，来投票的选民人数是多还是少。投票在晚上 10 点结束后，电台对于选举的真正报道始于计算选票这一环节。一旦计票工作开始，广播的工作人员必须呆至结果的宣布，有时候重新计票可能会需要几个小时。诺丁汉 BBC 广播的新闻编辑埃涅阿斯·罗特索斯解释得好：

> 作为一个广播报道者，在计票的时候你必须开始策划你的节目，你必须已经找到嘉宾和故事。你也必须找到一个最新的故事和最新的角度来看待投票的结果，这是一个真正的挑战。作为报道者，有时候他们面临最大的挑战之一就是让他们的观点和准备的故事能把这个选举生动地分析出来。

电台一般在投票结束以后的一个半小时开始做他们的节目，因为选举结果很快会在节目中插播。一般的节目模式是，有一位主持人和经验老道的政治分析家，主持人会让节目处于讨论的过程中，当结果出来马上会被节目引用，并做一些事先准备好的现场电话连线。

在一般情况下，来自各个不同地方的选票都会集中到某个中心位置。大多数地方，像市政厅或是大型体育馆。现在有媒体转播报道工作室，使得现场直播连线变得简单。在这期间记者要了解所有候选人和他们的代理，并且安排在结果出来后的专访。如果结果由选举监察人公布，记者要适时地把麦克风放到正确的位置。他们的眼睛也必须盯着选票的整个过程，这样才能让后方的导播室知道什么时候期待会有结果。

直到最近，选举计票工作都是在一个晚上完成，这使得电台的每个工作人员通宵工作。但这并不意味着第二天所有的结果都会知道。现在的很多地方的当局选择了在第二天来计票，其实这对第二天中午以后知道结果没有任何政治影响。

但什么时候在当地广播中发布选票的结果就变得非常重要。来自 FM《时尚 96》的路易斯·斯基林姆肖提到，即使是一个很小的新闻团队，对选举的报道也是很感兴趣的：

> 我们只有 4 名记者，所以我们不打算报道计票过程。我们所做的就是核对选举的结果，尽量选一个中心地方做报道。这可以确保在你的报道中有这个片区一连串候选人的采访内容。然后我们可以做出判断在诺丁汉政治格局是否有改变或是将如何改变。

作为具有更多资源的语言类节目，BBC 当地广播电台呈现出来的趋势比商业电台报道的更加详细。埃涅阿斯·罗特索斯，来自诺丁汉的 BBC 广播，提到尽管选举工作在晚上，第二天在统计结果上还是要花很多的时间，选举对记者和听众来说都很重要。但他理解商业电台工作者的限制性：

> 商业电台的记者不需要担负 BBC 记者报道选举内容的义务。不管当地广播对选举的报道到底是深入的还是敷衍的，对选举这个事件来说，广播是一个理想的报道介质。国家层面的报道不能报道国家中的某一个地方的选举结果及影响，地方报纸也不能提供广播具有的即时性。正是因为很多原因，选举是广播的重要事件，因此在节目结束的时候时常可以听到现场导播室发出的释放压力的叹息声。

广播剧

广播剧对英国广播来说是一个重要的节目形式，但是不幸的是只局限于 BBC 广播 4 台和 BBC 广播 3 台。广播剧在英国非常流行。比如在 BBC 广播 4 台播出的长篇肥皂剧——《阿切尔》。这个故事开始于上世纪 50 年代的早期，讲述了庄园、农场主、工人与住在小说中虚构地点安桥的其他人之间的故事。这个广播剧每集 13 分钟，除了周六其他每天播出，是 BBC 最出名的节目之一。虽然戏剧在英国的广播中很少有其他的出路，但广播剧的编剧阿曼达·惠廷顿提到,BBC 很支持这样新的写作形式。

从这样新的写作形式来看,将其与剧院做比较,一个区域性的剧院一年可能只上演一部新戏,但是我认为 BBC 广播 4 台,一天可以播出 4 部新戏。所以实际上感觉在这个国家,BBC 广播 4 台为戏剧提供了令人巨大的播出平台,它也是这个国家戏剧作家的最大雇主。如果你在写一些有趣的故事素材,BBC 广播 4 台欢迎你去投稿,因为他们需要作家。另一方面我们感到幸运的是,我们写剧本习惯对情节设计成颠倒起伏,这个在其他网络形式经常看到,BBC 广播 4 台也是如此。这个很管用,BBC 广播剧大量听众也会喜欢。我喜欢看到很多机会,和其他媒介相比,剧作家在广播中有着更多的机会。

阿曼达已经写了很多舞台剧,为 BBC 写了《下午时光》,为 BBC 广播 4 台写了系列广播剧《妇女时光》。她认为广播剧对剧作家是一个挑战,同时也认为这是一种形式的解放:

很明显舞台剧是一种视觉的形式,而广播剧是用语言讲故事。在很多广播剧的创作中,作家的思路被打开。舞台剧是比较注重实际形式的,你必须考虑演员们在舞台上的走位。但是在广播剧创作中,你可以设计你想去的任何地方。这种创作有类似玩巨大的玩具箱的感觉,而且跟舞台剧比较起来,广播剧有着更大的创作自由空间。

广播剧创作的形式仍然会被关注,大体上先要有一个讲得通的故事:设计的很多地方不像你玩的乒乓球:球的弹动路线是没有规律的,而创作的故事是有一定关联性的。你写一个短剧本也是这样。《妇女时光》每集 15 分钟,至少有 10~12 个场景,然而在舞台剧中一般 15~20 分钟的剧作只有一个场景。即使故事和情节是一样的,舞台剧和广播剧的结构故事方式是完全不同的,创作技巧也有很多不同。对广播剧的听众来说,最管用的方式就是讲述故事。在广播剧中你可以进入剧中某人的思想中,但在舞台剧中你可能会觉得这印象是杂乱无章的。此外,在广播剧创作中还有很多技巧可以利用。

我发现我工作中的广播是一个令人兴奋的具有创造性的媒介。你可以获得一连串的声效在广播中,事实上广播中声音效果是很出彩的。声音可以少但是必须真实,而且是节目组成的重要元素。声音是故事展开和地点设置的组成部分,比如你在厨房使用烧水壶,地点便设置好了,而且情节也很简单,不需要加 5~6 个声效在一起。而舞台剧设置一个场景完全是不同的样式。

我想我已经在电台工作中学到,广播剧完全是关于故事和角色的创作,这可能与你写一个小说或是一个电视剧本是一样的。媒介只是让这个故事展开,而你又不想被困在这个媒介自身的局限性中。

舞台剧和广播剧相比,有另一个有趣的不同点:舞台剧的观众可能是五六百人同时看,而广播剧的听众一般是独自或者两三个人来收听,对于作家来说,这是种非常不同的关系。这可以使广播剧写作的表达上更具有私密性,你可以做个人的事情。而舞台剧中,你必须意识到舞台剧的演出在一个大型的地方,如果幸运的话,还有几百个观众。但是广播剧则是你让听众独自呆在房间或是汽车内收听,这是一种完全不同的动力,这会让你感觉细节化,而越来越多的细节让故事越来越丰富。如果你写的是一个爱情题材,而且都只有一些微小的细节,但组合在一起可能是一个宏大的诗篇。这是一个你可以运用非常有意思的动力,因为短小、平静和私密,并不意味着故事也是短小的、平静的、私密的,你可以让故事变得生动而宏大。

已经完成多篇长篇广播剧和系列剧广播的阿曼达对广播这个媒介已经很有经验。她认为故事的各个层面都用声音来表现反而是个错误。在出色的广播剧中,故事本身、角色和演员是最重要的成分。她还补充道,作家、制作者和

演员的关系也非常重要,因为他们没有更多的时间进行彩排:

对于广播剧来说,有意思的事情是你没有足够的时间进行彩排。为BBC 广播 4 台写剧本的你必须花大量的时间——一个剧本可能是六个月——接下来花三天时间来录制。配音演员陆续到达,早上九点熟悉和朗读剧本,十点半到演播室开始录制。这时候必须意味着剧作家的剧本已经准确无误了。在舞台剧的表演中,为了表演到位可能会花三四个星期进行彩排。在广播剧中,一定要确保剧本的最后落实,然后配音演员是一个即时艺术加工的过程,因为这个感觉是一气呵成的。演员必须理解这个媒介但同时他们没有束缚,因为他们有剧本在手中,不用担心舞台走位,服装和类似的所有一切。这只是关注角色、声音、表演和故事。

我们在录制《宝莱坞姑娘》和《妇女时光》系列剧的三天时间中,真是有很多要求,但是有趣的事情很多,也很自由。我想这是因为他们一来就立刻展开工作,根本没有足够的时间来考虑。

有些广播剧的音效,像交通嘈杂声和一般的环境声音,是节目录制好以后后期加入的。但是对于其他的音效,比如砰的关门声,都是现场录的。尽管没有正式的现场彩排,阿曼达解释每个场景一般会录制几遍直到导演满意。

你录制一个场景,实际上那个场景可能需要录制三四次,在录制的过程中导演可能对极小的细节做出一些调整。然后导演会挑选最满意的一条或是合适剪辑的两个片段放在一起,所以广播剧剪辑也是一个相当有意思的工作。当一个场景录了几遍后,通常会很难说出其中的区别在哪,但是导演会说第三遍录得很完美,正是我们需要用的。

《妇女时光》一集大约是 13 分 30 秒。12 分钟和 14 分钟都是不行的,时长要刚刚好很困难,多余的要把它剪掉,所以够准节目时长就像恶梦一样。

在广播连续剧中,你尽量要在每集中留有一个悬念,希望听众明天打开收音机继续收听。但是也有非常有意思的，当你坐下来创作，想在 13 分钟内，多少故事地点你可以展开，如何架构这个故事，于是一个小而精悍的有趣的故事就这样诞生了。

一个舞台剧的演出大约在两个小时，广播剧意味着情节要压缩，以至于我们可以容易地找到广播剧中的小悬念。我也做《下午时光》，但是这是完全不同的模式，45 分钟时长意味着舞台剧时间的一半，剧作也有不同的结构或是样式。要知道如何在相对短的时间内讲述故事和创造故事情节。

对于新的剧作家来说，阿曼达的建议就是花精力多听 BBC 广播 4 台的广播剧，对你最喜欢广播剧的导演做些功课，然后就是直接联系他。"你的作品想要进入 BBC4 台播出就是要通过他们的导演审核，"她说道，这些都是 BBC 内部的导演，他们也是独立制片人，如果他们对你的剧本感兴趣，他们会承诺给剧作家一年四次的机会。"关键是你可以和导演建立良好的关系，然后导演会录制你的作品，如果作品被委托的话，那么你的广播剧作品一定会在广播中得以播出，"她补充提到。因为能接受在广播上播出戏剧，阿曼达认为导演对新想法都是很开明的：

我已经发现，一般来讲导演对新想法很感兴趣并持开明的态度，但是你需要用建设性的、专业方法来实现你的想法。而不是说"我要为广播剧写剧本"或是"我听了你们的节目，非常喜欢。我有兴趣做类似的创作工作"。你要做的是推销你的能力和告诉导演们，你能为他们做什么，而不是仅仅他们帮你开启这扇门。

另外，我发现这个领域需要接受各种意见。如果你之前没有写过任何作品，你必须写些片段给导演看，来证明你是有想法和潜力的。我认为这是虚心接受的过程。事实上我没有听到过一个完全不知名作家写了一个广播剧，然后把本子给导演，他们看了就说"太棒了，我们要录制它"。但事实上——他们不是在寻找已经是完美的钻石。他们寻找那些可以合作的并且有想法有潜力的人。创作和录制广播剧的过程，有时需要公开的讨论。如果导演说"那个不对，但是我们喜欢里面的某些东西"，意味着他们有三个或四个想法。广播剧是一个合作的媒介，如果你可以和其他人建立起良好的关系，具有合作的包容性，虚心接受别人对你的作品提的意见，那么你在创作过程中知道下一步你该怎么走。

上面介绍的就是广播节目的四种类型，优秀的广播节目通过情感因素与他们的听众保持着联系。正如下面的这个章节展示，体育是广播与听众紧密联系在一起的另一种办法。

第九章 体育广播

无论是播报最新的比赛结果还是评论现场比赛,体育在广播播报中真的非常有效。广播媒体的即时性和便携性使其成为体育迷们的自然之选。无论是运动还是参加活动的时候,他们都会打开收音机,听专家就眼前正在进行的赛事发表看法,或是了解对手球队的最新得分情况。对于 BBC5 号直播台和畅谈体育这样的国家电台来说,体育是他们节目产出的核心内容。对于地方广播电台来说,体育也很重要,因为通过实时报道地方球队赛况,地方电台能加强与广播社区的联系,就连对体育兴趣不大的人们也会想要知道本地球队成绩怎样。

尽管专门体育电台几乎囊括了每项体育运动,但大多数电台的报道范围往往局限于主流体育项目,比如橄榄球、板球,当然还有足球。GCap 体育编辑菲尔·布莱克说,一项体育运动的受欢迎程度决定其能得到多少报道:

> 如果得到了一则关于世界杯羽毛球锦标赛或类似赛事的报道,我们不会去碰它,因为时间不够。不是说这些比赛跟我们不相干,而是对于我们的主要听众来说,关联性不像足球那么强。这一点你永远不可能摆脱,因为我们推销节目是为了吸引人们收听直播广播和在线广播。这点上,足球比其他任何体育项目都更有效。

英国广播的第一个足球比赛评论是 1927 年 1 月 22 日阿森纳和谢菲尔德联队的比赛，当时是从海布里地区"一个小木屋——和花园棚屋差不多"的地方广播的（亚当斯 2005）。根据 BBC 体育频道的奥黛丽·亚当斯所说，评论本应在多年前开始，但是体育机构和报业老板认为这个新媒体会影响比赛观众人数和报纸销售，于是反对广播体育评论。直到 1927 年 1 月，BBC 得到第一张皇家特许状，同时得到了广播重大体育赛事的许可。担任这次历史性广播评论员的是前"小丑"橄榄球队球员亨利·布莱斯·桑希尔·维克雷姆，《广播时代》发表的体育场图解为亨利提供了帮助。就像亚当斯解释的那样：

> 当时的制作人兰斯·西维金设计了一个方案，将体育场分成 8 个标号的场地，发表在《广播时代》上。方案理念是让待在家里的听众能坐在扶手椅上，收音机摆在大腿上，收听比赛情况。很多人觉得这就是短语"回到原点"的起源。

体育评论广播大获成功，《旁观者》评论说，"这种类型的广播必须保留"（亚当斯 2005）。到当年年底，各电台已经广播了门类齐全的赛事评论，包括全国越野障碍赛、牛津剑桥赛艇对抗赛、英超足协杯决赛和温布尔登网球公开赛。

即使在这个电视大范围报道体育赛事的时代，广播仍是其天然的合作伙伴，GCap 的菲尔·布莱克解释道：

> 对于体育比赛——尤其是直播体育比赛来说，广播是一个很棒的媒体，是如此的及时。我们几乎可以说体育广播很浪漫，虽然看不见正在发生的赛况，可是有人在为你描绘一幅图画，这种方式很特别。广播比电视更亲密。

如前所述，体育——尤其是足球——对地方广播电台很重要，因为报道足球比赛不仅能为电台提供一种与社区保持一致的方式，还能吸引一个不同的听众群。例如,BBC 诺丁汉广播每周六下午用一个分隔的频率播送两支地方球队——诺丁汉森林队和诺兹郡队——的评论。编辑索菲亚·斯图尔特说,这种报道扩大了他们的听众群:

> 足球对我们来说真的很重要,因为它吸引了一个不同的听众群,这些人可能除了周六听体育报道,其他时间根本不会收听我们的电台。我们的挑战是让这个听众群收听电台的其他节目。当时,我们使用了很多的追踪和宣传片来推介其他节目。半场休息时,我们提供很多信息,但重要的一点是这些信息必须以合适的方式传达。我们周六追踪(包含)体育节目的方式与其他时间不同,因为我们想要推广这个不同的听众群能轻易获取的信息。

BBC 地方电台一般会有自家体育记者,但很多音乐电台没有这般奢侈。另外,GCap 集团(现在的全球广播)旗下电台大部分是报道一支伦敦体育团队,就像体育编辑菲尔·布莱克解释的那样:

> 我们的做法是用所有的国家体育赛事来补足地方球队,如世界杯总决赛、英超联赛、国际锦标赛——基本包括了所有国家级赛事。除了制作日常剪辑、音频,为正在发生的事情撰写广播稿,我们还报道这些赛事,之后通过内部系统发送,这样地方电台就能决定是否使用。

拿大型体育赛事来说,例如温布尔登网球公开赛或世界杯橄榄球赛,GCap 的体育记者会带着地方电台的要求去采访当地运动员,这样采访就不仅能在电台公告中使用,也能用作节目的一部分。菲尔·布莱克说,2007 年世界杯橄榄球赛令人激动万分,意味着需要很多记者与全国各地的早餐节目互动,这样每家电台都能获得一个量身定做的片段。"我们两个小时做了 36 个互动,"他说,"字面上说就是拨号连接 3 分钟,然后跟另一个人重复同样的事情。"

2008 年北京奥运会时 BBC 也作了类似的安排,当时一小队 BBC 体育记者被派去采访当地球队的竞争对手,并用这些采访支援地方广播和电视。BBC 德比广播的罗斯·弗莱彻就是其中一员,他说这个任务是一个真正的挑战:

我的职责是采访所有比赛项目——所有 28 个项目或至少是有英国选手参加的项目,而且不能重复 BBC 体育台直播评论的内容——尽管某种程度上说,我们是为了完善他们的报道——而是得真正采访地方电台感兴趣的运动员。我们会为他们度身定做采访,例如,东米德兰兹《今日》电视节目或 BBC 埃塞克斯电台、BBC 德文电台等等。我们会提前一天收到要求,然后提供服务,不过我们也会去比赛现场采访竞争对手。例如,我们在实际比赛前参加赛艇新闻发布会。那儿有 43 名桨手,我和同事设法采访其中 27 名。我们要为所有不同电台提供材料,这样每个人都能分到奥运会的一杯羹,每个人的奥运故事都能在 BBC 讲述。

2000 年英国第一家基于语音的商业广播电台——对话广播,更名为"畅谈体育"后重新启动,坚决将电台的重点转向体育,证明了体育对广播越来越重要。1998 年至 2000 年间担任电台节目总监的安东尼·贝勒科姆认为这个变革成就了电台:

我觉得畅谈体育一开始的优势是做了人们希望商业广播做的事情——从顾客的角度出发,不像 BBC 的出发点不是听众,反而是广告商。不是说广播结果不大好——只是说广播背后有一股不同的驱动力。"畅谈体育"的驱动力是通过找到一个没有得到服务却很有钱的听众群,好让自己从一家亏损电台转变成一家盈利电台。它找到了市场的处女地,这块地离 5 号直播台不远,不过广播方式更加自由,"畅谈体育"朝着这个方向前进了。追求口袋里有点钱而且热爱体育的年轻男性听众。

尽管主要竞争对手——BBC5 号直播台的听众人数是它的两倍多,但从这个变革开始,"畅谈体育"的听众人数开始日益上涨。1994 年 3 月,5 号直播台作为一家滚动新闻和体育电台开办,但是因为重点强调体育,导致听众形象开始定型——72%的听众是平均年龄为 47 岁的男性(普兰克特 2008h)。除了总部电台,还有一家姊妹电台——5 号加量体育直播台,这是一家兼职电台,评论5 号直播台没有播报的赛事。按该台服务许可证,所有只限数字电台的节目产出都应该是直播体育赛事报道,而且应当"旨在提供可替代英国范围内其他BBC 服务的报道,以此拓宽 BBC 已有的体育权利范围,从而为执照费付款人提供更多价值"(BBC5 号加量体育直播台:2008 年 7 月)。这就意味着如果有重大体育比赛,或重大体育赛事开赛之际出现爆炸性新闻报道,5 号直播台能将评论交给 5 号加量体育直播台。

可是在"畅谈体育"的节目总监摩兹·迪看来,BBC5 号直播台听众人数上涨纯粹是因为该台有更多的体育广播权利(普兰克特 2008f)。大多数体育赛事的报道由合同决定,这份合同要么是和体育主管单位签订,要么是和个别俱乐部签订的,决定了电台能广播什么,不能广播什么。每个平台——广播、电视、网络和移动电话,都需要特定的权利。例如,英超足球联赛中,畅谈体育有权每年报道 32 场比赛,而根据 2006 年签订的一份三个赛季的合同,BBC 能播报 192场比赛。2009 年开始,根据一份 5 年的合约,BBC 还得为电视、广播、在线和移动电话播报 F1 赛车支付 2 亿英镑(普兰克特 2008f)。摩兹·迪说这一点都不公平:

> 很明显,从这边来看,BBC 的确处于主导地位。BBC 坚持说这是一个竞争市场,可事实并非如此,因为虽然经历了过去几年的萧条,但 BBC 仍然十分富有。为 F1 支付 2 亿?好像总会有这种款项……这场竞争不公平。(引自普兰克特 2008f)

GCap 体育台的菲尔·布莱克承认说配股已经改变了广播处理体育的一贯

方式,尤其是足球。对于英超足球联赛,商业广播仍能通过在赛季开始时购买一次性的 IRN 许可证,来获准在比赛中进行直播报道。他说,"如果别人有评论权,你只要购买许可证,还是可以去赛场的。"

现在更常见的是,电台关注一家俱乐部并且设法吸引俱乐部粉丝,宣称他们能在这儿听到阿森纳或曼联队的每一场比赛——你能做的基本上也就这些了。我们提供的选择更多,因为根据权利要求,我们必须这么做。(菲尔·布莱克,GCap 体育台)

这种电台,尤其是音乐电台,在不疏远非体育听众的条件下拓宽体育报道的一个方式是利用网站。大部分足球俱乐部为自家网站保留了比赛评论权,但是其他电台网站能够上传采访和其他材料,就像菲尔·布莱克解释的那样:

如今,网络越来越成为我们期待用来上传大多数体育内容的地方。尤其是 GCap 的电台,很多目标听众是二十五六岁的女性,她们一听到体育报道就会关掉收音机。因此,就像有很多人喜欢体育——喜欢的人非常多——也有很多人不喜欢,一听到就关收音机。因为网络,你有了选择。你不会失去 FM 上的听众,不过你得鼓励他们登陆网站。我们在网络上传了越来越多的采访和全集节目,比如说纪录片。我们还会上传视频资料。采访时,你能带台小摄像机进行拍摄,之后将采访传到网站上。网站和广播配合十分融洽。如果用一则阿尔塞纳·温格的剪辑作为主打体育报道,你会把一小段温格的剪辑置入一则两分钟的新闻公告中,然后告诉听众说他们能在网站上听到整篇采访,并且给出电台网址。它们真的配合得很好。

体育记者应具备多种技能。除了报道体育新闻,他们还需有能力寻找新闻源,采访各种人并将他们的信息传给不同听众。这份工作的本质还意味着得长时间工作和加班。菲尔·布莱克解释说：

> 如果你想要一份周一到周五朝九晚五的工作，那这份职业不适合你。你必须热爱体育。如果你对体育没有激情，那你得有渴望，渴望掌握自己不甚了解的知识。最起码你得是一名很棒的作家，因为尤其在 GCap，写作不一定是为了铁杆体育迷，而是为了你的普通听众。他们对体育兴趣索然，或者虽有兴趣却不是专家，需要有人提供解释。你没有很多时间来解释，因此稿子得说清楚大多数人觉得最难懂的地方。

播报和评论

播报体育节目是广播中要求最高的工作之一。首先，听众通常对话题有了一定的了解，他们希望节目主持人和记者提供深入信息。而且不像其他广播节目，体育节目不会当做其他活动的背景被二次利用：球迷们认真听清每一个字，很多比赛现场的球迷甚至会开收音机来听评论，以此获得更多关于比赛的信息。

现在数量众多的体育赛事都签订了独家协议。很多广播电台不再做以直播评论为基础的传统周六下午体育节目了，转而制作基于演播室的节目，定期报道重大比赛让听众获知最新赛况。这种节目的形式经常是一名主持人和一两位足球专家一起，在演播室里讨论，在比赛报道和赛事集锦间隙接听听众电话。但是，不像新闻节目可以精心策划，体育节目只能根据比赛现场情况改变方向。比如，如果足球比赛还剩 5 分钟结束，电台当地球队快要赢得比赛的时候却失了一球，那么接下来节目的整个语调就会从庆祝转为失望。主持人应该知晓正在发生的情况，准备好相应调整节目方向，听从对讲机中传来或演播室电脑上显示的制作人建议，同时增加或引导演播室讨论。

不过，只要有可能，评论应该在最大程度上展示广播：评论是直播的，具有互动性，不仅传达运动场上正在发生的赛况，还得回应群众的反映和当下的氛围，这样听众才能分享整个比赛经历。菲尔·安德鲁解释说：

通过播放现场观众听到的声音，广播把听众带到现场。声音围绕着我们，除了体育比赛什么都听不见：只听见观众的呼喊声、裁判的哨声、发令枪声、飞驰的声音、赛车的引擎声、划桨溅水的声音、球拍击球的声音、公共广播系统发布通告的声音。（安德鲁 2005：121）

在菲尔·布莱克看来，赛场氛围的传达能让报道变生动。他说："你戴上耳机，听到背景里人群的声音，不过你也要传递出比赛的激情。"他还建议评论前应多做准备：

你得查资料。每场比赛前我都会花几个小时的时间做统计，时间永远都是不够的。报道欧洲比赛更难，因为对运动员不熟。于是，我坐下来，仔细研究球队，寻找零星信息。当然，我能找出本赛季球员的年纪和外貌——诸如此类的信息。然后找一些比赛中可能会让人感兴趣的资料。实际的准备时间不如理想中那么多。每周都报道同一个俱乐部的赛事，的确只需研究一支球队，因为我已经了解另外一支了。

根本上说，你在画一幅图。广播里很多内容都是描写性质的，很明显，听众看不见你正在讨论的情形，因此广播中不需要这么多额外信息，你只能讲述运动场上的赛况。但是，有时候场上赛况不那么精彩——他们只是把球踢来踢去，这时你就需要顺便提点额外信息来补充评论，让评论听起来更有趣。

做节目时，我们边上还有一位专家评论员——前职业运动员，这样赛场安静时你可以和他互动，把他带进节目中。比赛决定了你要用多少信息。如果是重大比赛，你不需其他信息，只要讲述比赛就好。

畅谈体育评论员吉姆·普劳德弗特同意赛前查资料的看法，不过他警告说一些评论员提供了太多的附加信息：

永远不要在你面前写下太多实例。经验之谈。有件事情我以前做过，但希望以后再也不要做了，这件事就是说，"好的——我做了很多功课，我要确保你知道我已经做了很多功课，我会把所有运动员的个人档案和主要数据告诉你。"你只能在相关的时候提这些材料。不过你应该知道这些信息，因为比赛可能会很糟糕，这时你就得保证自己随时都有话可说。广播的时候，听众想知道的最要紧的事情有：第一，比分如何，第二，哪方控球。只要你把进球手搞清楚了，可能就不会把其他事搅混了。

不过，BBC 5 号直播台评论员艾伦·格林有一个与众不同的评论方法：

一个完美的广播评论包含一些基本要点——谁拿球，球在哪，已经比赛多久了，比分怎样——只要不断重复这些，你的评论就完美无缺了。我得承认，我不同意查资料，因为我觉得做了调查会怂恿评论员卖弄，说"我知道这一球是 10 月以来他在周二晚上用左脚射入的第五颗球"。谁在乎呢？做你自己就好，享受比赛，如果比赛很糟糕，就说它怎样糟糕。低水平的比赛报道起来更难，因为你得找些别的东西来说——不过看看你的周围吧，你左边第三排可能有人在打瞌睡——说说他——然后不断提到他，"他还是没有醒过来"。这很有趣，这就是娱乐——不过你还是得实话实说。不要凭空捏造。你必须说实话，因为根本上你会暗自希望听众信任你，一旦他们发现你说谎，就不再信任你了，没有了信任，你的评论就是失败的。

由此可以明显看出，做一个成功的评论有很多不同方式，但大家都认同说很重要的一点是不仅要告诉听众正在发生的情况，还得传达比赛的激情。这一点对于报道俱乐部比赛的评论员来说有点难：他们必须投入比赛报道，可同时不能表现出对一方的偏爱，因为一旦表现出就会立刻疏远一半的听众。吉姆·普劳德弗特认为，在报道俱乐部比赛中表达自己的情感是不专业的行为。他说："在俱乐部比赛中不能这么做，因为你会伤害一定比例的听众。"而且他认为评论英格兰比赛就不同了：

> 我完全赞同会有人不希望英格兰赢得某场足球比赛，可是绝大多数听广播的人希望英格兰赢，因此，我觉得支持英格兰队不会伤害听众。身在比赛现场的你是球队支持者。在家里的听众也是支持者。他们希望获得既定的结局，所以，我认为将你自己置身于支持者的位置来描绘他们感受到的荣耀或悲痛是合理的。

BBC5 号直播台的艾伦·格林同意这种说法，不过他补充说，对评论充满激情不是说球队表现糟糕时不做批评：

> 我觉得你肯定充满激情，可是不能让激情取代了你的客观。评论英格兰比赛时，我希望英格兰赢，可是让听众知道这点和让它影响你的报道是不同的。你千万不要那样做。有时我也会痛批英格兰队——这么做让我很难受，可我还是会不留情面。

正如不同球迷支持不同球队，球迷也往往会有最喜爱的评论员，而对菲尔·布莱克来说，这一点让人觉得广播评论很是值得：

> 如果你和某家俱乐部的粉丝建立了伙伴关系，会有助于你报道这家俱乐部的比赛。这事做起来可不容易，6 个月不可能完成——是很费事的。不过以后人们就会为了评论或专家评论员而打开收音机，因为他们尊重他的观点，又或者喜欢听那个特定的报道。广播里你能建立这种电视或其他地方无法获取的忠诚。

对于众多体育粉丝来说，成为一名体育记者仿佛是世上最好的工作，可是从下文中 BBC 德比广播罗斯·弗莱彻的介绍来看，进入体育记者行业需要奉献精神,而要保住这个饭碗必须努力工作。

罗斯·弗莱彻的介绍

28 岁的罗斯·弗莱彻在 BBC 德比广播的正式职位名称是广播记者,可是在电台大部分听众看来,他最为人熟知的职务却是德比郡评论员。除了播报电台每晚 4 点到 7 点的开车时间节目,他还在周一晚上主持一档德比郡热线电话节目,周二夜间主持一档体育和音乐节目。

罗斯说他一直梦想广播体育新闻,参加了老广播 5 台征询新晋体育评论员的比赛后,他意识到自己可能有从事这份工作的天赋。

当时我 14 岁,我录了一盒评论磁带寄给广播 5 台,几个星期后,我收到了节目——加斯·克鲁克的《出发》广播节目——寄来的一封信和一顶棒球帽,信上说"恭喜,你获得了本次比赛的亚军",不过就算没有获奖,我也会想说"太棒了——我没有获奖,但是可能我做这个工作没有问题"。

几年后,他的机会来了,当时他设法在德比广播获得一些工作经验:

一个周六的下午,我进来看看他们在演播室里都干些什么。我在里面呆了三个星期,12 年后,我还在这儿。

渐渐地,工作越来越多,不过你得愿意做,而且有能力做。我 19 岁时为电台制作一些体育新闻公告,有一名体育制作人要走,于是我对当时的编辑说"要得到这份体育报道工作,我得做些什么呢",他说要让你自己无可取代,后来我一直牢记这条建议。

16 到 18 岁间,我无偿工作了两年。每周六,我从拉夫伯勒乘火车去德比,在电台工作 5 个小时,接电话、转接中场休息报道、5 点到 6 点广播本地业余联赛比分。工作能为你打下坚实基础,证明你值得继续留任。

之后,我去谢菲尔德上大学,他们付一点钱给我支付开销。慢慢地,我越来越展露出身手。我开始在周末朗读体育新闻公告,大四那年,我开始播报工作日的晨间体育新闻公告。后来,我有了自己的节目,周六的一档赛前节目——体育和音乐——这给了我一个很棒的方式进入广播行业,因为一有新职位,我有绝对的优势去争取,现在我已经是全职的了。

跟众多体育记者一样,罗斯也对自己的工作充满激情:

这份工作最好的地方在于能够到现场观看体育比赛,并且成为描绘场景的那个人。我热爱各个体育项目,不过最爱足球,能够去现场看我们本地球队——德比郡队的比赛,并且成为一名评论员去感受足球的激情、兴奋、出其不意和一波三折,作为听众的眼睛和耳朵去讲述比赛,简直太棒了。现在这份工作还是能让我每天肾上腺素激增。对体育记者来说,确实没有比直播比赛更好的了。

但是,尽管罗斯是德比郡队球迷,他也知道如果球队踢得不好,对俱乐部的表现不加掩饰是很重要的:

我们热爱德比郡队,可是不能偏爱,因为在 BBC 工作,你必须诚实、公平。我们喜欢说"我们是从德比郡队的角度来看的"。如果德比进球了——太棒了。要是他们失球了或者发生了不好的事情,举个例子,我们不会说"沃特福德进了一记好球",而会说"嗯,因为这个原因、那个原因,德比这会的防守让自己失望了"。我们不喜欢说德比队不走运,因为在我看来,这是懒惰的体育新闻报道。如果你的球队表现不佳,不是因为哪个愚蠢的借口,而是因为他们还不够好,听众希望你告诉他们为什么,否则,我觉得他们听节目毫无意义。如果我们带着偏爱,为球队找借口,那我们报道的赛况就不是真实的。我们没有讲述整个赛况,让听众失望了。因此,你可以热爱你的球队,把自己所见的整个赛况讲给听众听,而不是从单一视角来看。如果他们应该受到批评，那就批评他们，没关系的。这是你作为记者的工作。你是作为一名体育记者、新闻工作者去到现场的。有些人可能会觉得你成为体育记者之后，报道就模糊了，会开始有偏好，报道的全是你的球队，球队有多好——不是这样的。你必须坚持自己的新闻工作原则。无论何时、以什么方式，你都得能够批评球队。你是去现场看比赛好的、坏的、丑陋的方面，不管怎样——都要坚持这些原则。

罗斯说周末比赛的准备一般从周四开始：

通常，足球俱乐部会在周四或周五下午送出媒体邀请函，上面说他们要召开赛前新闻发布会，德比郡队经理和一名队员会出席，公开邀请所有媒体进到训练场，和经理聊个五分钟，和一名球员聊个三到四分钟。然后，你可以把这段采访用作体育公告中的剪辑引入比赛，还可以在你的周六节目中，三点钟开球前两到三分钟时用来吸引听众。总是会有一名经理和球员供你采访，因为他们是吸引听众的重要砝码——球迷们真正想听的是他们的声音。我们很幸运能在德比，因为周二的时候，就算周六之前都没有比赛，经理也会自愿接受采访，这样我们可以聊聊上周末以来的情况，本周足球大体赛况。我们的经理保罗·朱厄尔非常好这一口，同时还能展望周末的比赛，以此保证广播内容的新鲜。

跟大多数评论员一样，罗斯觉得要想报道出色，赛前调查非常重要：

如果你不做准备——是的，你可以去，可以评论，可是某个球员拿球时，你说不出他的特点。如果你没有查过他的资料，不知道他是谁，长什么样，听众是能看出来的。一旦某位球员移动，进球后，你必须立刻告诉人们他是谁，是谁踢进了这个球。如果你没有事先调查，你可能会避免说出他的名字，可是如果后来他又一次突围到禁区，不知道他的名字会让你看起来很傻。星期五的早晨,我会花两个,也可能是三个小时来研究两支队伍,德比郡队和对手球队同样重要,就算没有更重要也要研究,这样我就能知道他们叫什么名字,踢哪个位置。

罗斯还发现评论前花点时间看球员热身很有用。这段时间他可以寻找球员的标志性特征,比如说球员头发或球靴的颜色,以及他们体型如何——任何能让人一眼就能认出他们的特征。他还能利用这段时间和对方球队评论员聊天来理清楚那些复杂的名字怎么念,然后练习发音。接下来就是比赛时间了,罗斯会和一名正式综述员一起解说:

> 我做足球评论员到现在已经有 5 年了,我有 4 名不同的综述员,他们每个都有不同的工作方法。不过,大家是一个团队,得相互理解,这一点很重要。你没有必要和每个人都相处融洽,不过好的关系确有帮助,因为你们是联系在一起的。你们两个的评论节奏很快,所以要知道什么时候插话,说些什么,怎么说。

> 作为一名评论员,我是听众的眼睛和耳朵——我讲述现场发生了什么。综述员会说之所以发生这些情况是因为他们比赛的水准最高:他可以为我的现场赛况解说提供语境。他会说发生这种情况是因为这个、因为那个等原因。

> 说说我的第一个综述员。我们出生在不同的年代,我觉得这一点能从我们的风格中看出来——我们的风格有点不协调。不过我的第二个综述员是新退役球员,有一个更加年轻的视角。我呢,相对来说也是一名年轻的足球记者,因此我俩一拍即合,经常在现场开玩笑,而且听众都很喜欢我们的玩笑,除了听到一场准确且富有激情的评论之外,他们还能理解我们的搭档演绎。你很快乐。同时你也能娱乐大家,不是现场每个人都能理解左后卫把球踢到 60 码远的微妙之处。他们希望有人来娱乐自己,如果你有一个能开玩笑的工作伙伴而且你们能相互理解,会非常有助于你报道出

最好的评论。

终场哨声响起之后,还是有工作要做的。每场比赛结束以后,经理会腾出时间接受采访,这段采访能用于周末余下时间的公告。"保罗·朱厄尔人很好,"罗斯说,"我记得他每次都会接受赛后采访。他知道把信息传递给球迷有多重要。"有时球员也会接受采访,但罗斯承认说他们赢球后的采访比输球后的更好。

除了报道德比郡的每场比赛,电台还有评论业余联赛保顿·艾尔宾的权利,而且为了服务双方球迷,他们把频率分隔开,每周中旬在 AM 和线上广播保顿·艾尔宾比赛,而周六只在线上播报比赛:

> 我们不能把德比郡评论放到自家网站上。但我们和网站上挂有我们评论的俱乐部有一项协议。要是有人想听德比郡评论,得通过俱乐部网站,不过他们也能听到 BBC 德比广播。至于保顿·艾尔宾,因为不是联盟球队,不涉及所有权问题,所以我们可以把评论上传到自家网站上。

可是,尽管罗斯热爱足球,他说 2008 年在北京报道奥运会的那段时间是一生只有一次的经历——也是一个真正的挑战,他把这场奥运会描述成"全世界最伟大的体育盛会":

> 工作压力很大。时间很长,测试环境高温潮湿,可是你必须做好准备。这归结到准备和耐心地在困难环境中工作的能力。还要辗转各处,你必须妥善安排,这样才会知道汽车什么时候要走。你必须能够成为一名很好的沟通人员,不仅要和 BBC 的同事沟通,还得和中国当局沟通。他们很多人英语都说得不好——我们的普通话也很糟糕,所以也没资格吐槽他们——可是你要十分灵活和努力,还得了解素材,因为你要报道英国队参加的 20 项不同比赛。我可能报道了 15 项不同赛事。

从周六下午的一名接线员到奥运会记者,罗斯的成长表明决心和努力是值得的——不过这条路并不平坦。你应该对体育充满激情,有百科全书式的知识,有能力描述比赛和氛围,有长时间工作的意愿,不只报道赛事,还要做赛前准备。不过尽管每周工作 6 天,罗斯仍觉得自己的工作是世界上最好的工作之一,他给那些意欲追寻他的脚步之人提了这个建议:

> 我会跟梦想进入体育新闻行业的学生说——只管叩门。继续坚持,就算被拒绝,也不要退缩,因为尽管可能会有其他 30 人也想得到这份工作,你只需坚持表现自己就好。这条路可能很漫长、艰辛,而且一开始薪水会不尽如人意,但是你只要坚持住,证明自己够好,要是得到一个机会,就马上抓住,不要拒绝。

第十章 责 任

在英国,所有广播电台都是在合法的具有强制性监督体制下运行。这个框架性制度设立的初衷是维护现有的国家法律,确保电台节目的品味标准,防止因所有权的集中而导致各种客观观点的缺失。本章目的不在于为电台管理提供一套彻底完整的法律规范,而是要理清法律主要是从哪些层面来影响电台日常的节目制作,从而为广播罗列出规范要求。

立法约束

对广播电台进行立法约束旨在确保其传播内容不会违背利益公正、不丑化任何个人或组织、不会危害国家安全、不会得罪个人或者社会团体。一般情况下,这些法律适用于任何媒介,不仅限于电台。

诽谤

诽谤法的目的是保护个人或团体的名誉免受不正当攻击。然而诽谤没有绝对的定义,对于电台而言,这是一个雷区,他们必须意识到任何一句对他人的漫不经心的批评或者议论都很可能把自己送上法庭。

从广义上讲,诽谤可能由书面陈述或者图片造成,叫做诋毁;或者是口头陈述称之为造谣。但根据 1990 年的《广播法案》,出现在电视台或者电台中的任何诽谤性言论都将被视为诽谤罪。随之而来的问题是如何定义"什么是诽谤"。威尔什·格林伍德和班克斯给出了以下意见：

> 法官告诉陪审团,关于他人的言论是否构成诽谤罪就看是否符合下列任何一项：
>
> 1. 使他人遭受憎恶、嘲笑或者蔑视；
> 2. 使他人被排斥或忽视；
> 3. 降低大众对其大体评价；
> 4. 使他人在商业、贸易、办公和职业领域遭受贬低。
>
> （2007：228）

上面的条款看来似乎非常明确,但他们还做了进一步的解释:起诉人不用去证明那些陈述是否真的让他遭受了憎恶嘲笑等,只需说明在任何有判断能力的人看来,那些言论都是诽谤并会造成憎恶嘲笑等。广播还必须了解正在播出事物的背景,确保它的背景音乐不是贬义的。威尔什·格林伍德和班克斯举了这么一个例子:一家旅游度假公司与一家电视台达成了庭外和解,针对电视台擅自使用了科尔迪茨主题曲来影射度假者使用的房间大小问题。（2007：496）

然而对于广播电台来说,真正的隐患来自现场直播节目,现场嘉宾或者连线嘉宾有可能发表一些针对个别人或公司的诽谤性言论。这种情况下说话人和电台都将面临诽谤指控。正如之前提过,大部分商业电台在进行听众来电参与的直播节目中都采用延时直播的方法,以便节目中有任何诽谤性言论出现,主持人可以切掉。但是,如果这些言语被播出,"主持人应立即把自己和电台同诽谤言论划清界限,并马上道歉承诺不会重复诽谤性言论。"威尔什·格林伍德和班克斯说道。（2007：497）

报道约束和蔑视法庭

有关法庭案件报道限令是由一系列法律规定的,在某些个案中也可以由法官规定。强制推行报道约束的主要原因之一是为了避免新闻报道对庭审结果产生不利影响。例如,1980 年的《治安法院法》规定了媒体在案件初步听证或者交付审判程序所能报道的内容,目的是防止影响全面听证的公正性。这使得新闻报道仅限一些特定的方面:法院和治安官的名字;当事人、被告和证人的名字、家庭住址、职业、年龄;案件综述;辩护律师和初级律师的名字;法庭对被告是否认罪的处理决定;如果已经收监,那么法院承诺对该起诉(上诉案件)和相关注释立即执行;如果休庭,重新开庭的日期和地点;任何保释安排;是否给予了法律援助;法庭有没有解除报道限令。(威尔什·格林伍德和班克斯 2007:43)

同样还有禁令要求禁止曝光无辜当事人的身份,比如性侵犯案、强奸或者强奸未遂案件的受害者和被指控或定罪的青少年,以及家庭纠纷诉讼中受牵连的儿童。如果广播公司的报道可能损害或者对待审理或者正在审理的案件造成重大阻碍,那么他们将被视为蔑视法庭,这也包括在案件即将宣判前给出任何无关的参考信息。1981 年的《蔑视法庭法案》不仅规范了广播报道,对记者的行为也做出了规定。例如,法案的第八条规定,任何搜寻或者透露陪审团审议信息的行为都是犯罪。

官方机密和国防咨询通告

报道中所披露的内容哪些应被视为国家机密,这在 1989 年和 1991 年的《官方机密法案》当中都有规定。这些法案很复杂,详细阐述了何种信息不该被报道,以及限制从特定渠道获得信息的报道,比如说记者从那种没有合法权限的或者公信力的政府雇员那里获得的信息。

如何确定某些涉及国家安全的信息是否该被报道的指导建议已经以国防资讯通告的形式发到新闻编辑部门。通告由国防通讯与广播委员会发布,该委员会是由来自国防部的四位高官、内政部、外交部和十三位从报纸、杂志、通讯社、广播机构提名的媒体人组成。现有描述需要监督指导以避免危害国家安全领域的五条标准,已经被委员会确定,包括国防规划和装备、密码和安全通信、特殊设施的具体位置以及情报部门和特种部队的详细信息。每一项条令都描述了它在保护涉及内容及其原因,然而威尔什·格林伍德和班克斯指出:

> 这项制度是顾问性质的,无偿的,并且不具法律权威性。编辑不必去寻求建议,也不必采纳其提供的任何意见。实际上,这是新闻界在涉及国家安全的报道中的一种自我审查的代码。
>
> (官方机密:扩展网页 第 19 章)

亵渎

那些被控告某个电台可能是因为节目中包含了淫秽色情的内容(1990 年《广播法案》)或者可能煽动种族仇恨(1986 年《公共秩序法案》)的案件,只有经过地方检察署署长的准许才能进行报道。实际上什么样的行为才定义为亵渎是随不同时代不同文化而变化的:比如维多利亚时代对亵渎的定义与当今肯定不同。一般来说,那些有可能被视为腐化观众或者煽动种族仇恨的内容都包含在这些法案当中。同样的一家电台可能因他们的节目中使用诋毁基督教或者《圣经》的语言而被控亵渎罪,或者因其报道方式不妥造成社会的不安定而被控煽动叛乱。

监督管理体制

从历史上看,相比其他的媒体,广播一直受到比较严格的监管。很大原因是因为广播历来比印刷媒介对受众产生更直接的影响,但更实际的原因是广播频率作为稀缺资源的分配率。在英国,广播电台受到 Ofcom 和 BBC 信托会的双重监管。Ofcom 是根据 2003 年颁布的《通信法案》成立的,旨在替代一系列的特殊产业监管机构,比如无线电管理局和广播标准委员会。它的职责是规范英国的广播、电信和无线通讯部门,并确保这些行业的公司间公平竞争。尽管 Ofcom 对政府负责,但该机构是独立的,其资金来源于广播和网络通信管理收取的费用和政府补助。

Ofcom 负责授权审批所有英国的商业电台和电视台经营执照,包括现有的模拟电台、数字广播电台、RSLs 和社区电台(Ofcom 2008b)。通过《广播守则》(2005)为所有广播电台树立了规范和标准,包括英国广播公司。守则旨在保护未成年人不受那些不适合他们信息的骚扰、损害和攻击,同时允许广播电台有一定程度的创新自由。(2005)

BBC 信托会是在 2006 年《BBC 皇家宪章》的指导下成立的,并取代了 BBC 的董事会。该信托会独立于 BBC 的运营和管理部门之外,与公司的日常运作毫无关系。相反,该机构确保让公众对广播和电视执照费的缴纳物有所值,并监测每项服务对推广整个 BBC 的公共目的的贡献。正如信托会的第一次年报中说的那样:

> 作为 BBC 的(资产)委托人,我们的第一职责就是维护 BBC 的独立性,使其免受外界干扰,无论是政治的、商业的还是任何其他方面。BBC 是不可撼动的,只要它能够很好地做到公正、准确、高质量并且让公众觉得物有所值。我们的工作就是确保 BBC 能够提供这样的节目品质。(BBC 2006/07:5)

2006/7 年度报告曾阐述,BBC 信托会是一个拥有部分监管职责的监督机构。在特定情况下,它直接与 Ofcom 合作,比如,在联合督导组对市场影响评估的时候。其他情况下,这两个机构职责各不相同。因此,在通信管理局监督约束 BBC 的同时,信托会主要从节目内容的公正性和准确性上进行监管,并且信托会才是对于编辑投诉的最终仲裁者。(BBC 2006/07:10)

Ofcom 的结构

其结构跟许多商业机构比较相似,这使得它跟那些旧的、大多由政府委派的人或组织的监管机构区分开来。Ofcom 的结构更加透明和简洁。Ofcom 下设一个执行董事会,由首席执行官艾德·理查兹领导,负责机构日常的运营并对董事局负责。董事会由 10 人组成,由马里波恩的科里公爵主持。正如 Ofcom 网站上表述,管理局董事会为 Ofcom 提供战略性发展方向。其主要的法定文书对 2003 年的《通信法案》有效实施作用巨大。

Ofcom 的主要工作都是由董事局下设的一个内容委员会完成的,为电视和广播节目设定和保障它们的质量和标准,保护公众利益,当然还考虑广播节目的格式规范。这个内容委员会由 Ofcom 任命的 12 人担任,由 Ofcom 董事会副主席菲利普伯爵主持:

> 内容委员会的大部分成员是兼职的,并且来自全国各地,背景不一,包括新进职员和丰富广播经验的职员。其中四个人会被任命全职工作,他们代表着管理局的利益和接纳听取来自苏格兰、威尔士、北爱尔兰和英格兰公众的意见。

（BBC 2006/07:10）

另外还有一系列的咨询机构与 Ofcom 合作。这些机构包括分别代表英格兰、北爱尔兰、苏格兰和威尔士各自利益;一个为老人和伤残人士谋求利益的机构;一个由掌握特殊技能或知识的人群组成的频道咨询委员会;一个消费者委员会。这个消费者委员会是独立的,有自己的预算,独立完成研究任务,它的职责是不断收集消费者的利益需求,包括那些影响偏远社区的问题和低收入问题。

英国广播公司信托会的结构

BBC 信托会是在 2007 年 1 月皇家宪章生效后成立的。它取代了 BBC 董事会,代表为保护支付执照费的公众利益而行使权利。其职责在于在政府和商业的双重压力下保持 BBC 的独立性,保证其能够提供物有所值的、高质量的节目,并为国家的经济文化发展做出贡献。BBC 信托会一共有 12 名成员,包括由首相推荐、由女王任命的主席莱昂斯爵士。正如第一章节详细阐述的一样,

BBC 信托会不参与 BBC 的日常运作,而是作为一个监督机构以确保 BBC 能够符合《皇家宪章》的要求。

在信托会的第一次年报上写着:我们是 BBC 的一个独立机构,代表公众利益行使职权(BBC 2006/07:9)。所以除了确保 BBC 能正常地运行,信托会还设立框架制度来处理任何可能的投诉。(BBC 2006/07:10)

2006 年发布的皇家宪章要求 BBC 成立观众委员会,目的是引入支付执照费的观众和听众不同的看法,以此来承担信托会的工作,在全国范围内,利用委员会与不同社区的联系来实现,包括地域上的或者其他利益上相关联的社区。有一个代表北爱尔兰、苏格兰和威尔士的观众委员会,包括主席在内分别有 12 人。英格兰的观众委员会有所不同,它的成员来自不同的地方——每个人都代表了不同的广播覆盖区域。根据《皇家宪章》(2006),观众委员会的作用是:

(1)接近支付执照费的公众,包括以地域原因结成的社区和以其他利益结成的社区;

(2)考虑所有相关的被作为凭借框架协议达成的公共价值测试主题的建议;

(3)按照框架协议的要求,与信托会进行磋商,审查公司的服务执照和服务表现;

(4)对 BBC 在促进公共目的上的表现给出意见;

(5)每年向信托会提交 BBC 在各自国家的业绩报告,并对产生的问题给出建议;

(6)每年在国家评估中发布年度审查报告,评估 BBC 在满足受众需求时的表现。

(章节 39:6)

根据 BBC 信托的网站显示,观众委员会成员的招募必须能够反映英国的多样性,能够与社区紧密联系,并对 BBC 公共目标的推广提出自己的见解。

除了与观众委员会保持紧密的咨询关系,信托会还有其自身的研究工作。第一批研究工作中的一项是在 2007 年 2 月进行的,对 4500 个成年人进行了观众调查,发现从全国来看,BBC 的满意度是稳定的。(BBC 2006/07:26)

Ofcom 的广播守则

Ofcom 广播守则为英国的广播公司提供了一套经营原则、方式和规范,他们需要在节目制作、商业赞助、公正和隐私上遵守的标准。守则涵盖了十大方面:保护未成年人;危害与犯罪;宗教;应有的公正和准确性;过分突出的看法和观点;选举投票;公平性;隐私;赞助;商业提议和其他事项。鉴于 1998 年的《人权法案》和《欧洲有关人权问题的公约》,虽然守则已经给出了明确规定,但相比过去而言也尝试给广播公司更大的言论自由:

对于自由表达的权利,特别是公约第 10 条提到,言论自由的权利包括受众有获得创新的材料、信息和思想,它们不受干涉,但是在民主社会中也必须接受一定的法律约束。

(Ofcom:广播守则的立法背景)

最后,守则解释了广播公司"必须要认识到传播内容的语境背景才是关键"(Ofcom:如何利用守则)。换句话说,播出内容要适合目标受众。比如,第一部分:保护未成年人,守则解释了通过对播出内容进行适当调整来保护儿童。守则进一步揭示了"适当调整"指的是节目内容的性质、儿童听众的数量、广播的时间和电台的风格以及听众的期望。它特别指出了儿童最有可能听广播的时间是他们上学和早餐时间,不过当然也排除其他时间段。

守则第二部分继续解释了"语境背景"的含义。

语境背景包括(但不仅限于此):
• 节目的编辑内容、节目或者其系列;

- 服务在节目中是如何体现的；

- 播出时间；

- 它的播出时间前和后是一个是什么节目和与它相关联的节目；

- 被采用到一般节目或者特别节目中的任何特殊材料可能造成的危害程度和影响；

- 潜在观众的规模和构成，观众的期望值；

- 内容性质对潜在观众的吸引程度有多少；

- 材料对观众或听众产生的始料未及的影响。

通过给予明确的定义，守则允许广播电台传播那些过去被某些人认为是具有攻击性的内容，只要经过了合理的编辑，并给予观众适当的警示。

守则的大部分能处理节目对听众的影响，但第七部分：公平，第八部分：隐私，则关注的是广播公司处理牵涉到相关个体节目的方式方法；有一部分提到了可遵循的范例。守则第七章指出广播公司应该避免在做节目时对邀请的个人或组织不公平对待：

如果一个人被邀请去参加节目录制（除了不重要主题的节目或是他的参与性很小），正常情况下他应该经历下面的几个程序：

- 告知节目的性质和目的，这个节目是关于什么的，关于为什么他们会被邀请来参与节目作出详细的解释，并且告诉他们节目首播的时间和频率；

- 告知嘉宾希望他们在对应的节目有什么形式的发挥，比如，直播的，录制的，采访的，讨论的，剪辑的，无剪辑的，等等；

- 告知问题的范围及其他嘉宾的具体情况；

- 要警惕随着节目在播出过程中与原先设定的巨大变化，因为这些变化有可能违背他们最初参加的意愿，并造成节目内容缺失公正性；

- 告知合同中的权利和义务，以及相关的节目制作人、广播公司的权利和义务；

• 告知如果有机会可以预览节目，他们是否需要对节目作出改进。
（Ofcom 2005：章节 2）

守则还指出，如果一个嘉宾不到 16 岁，那么必须有他们的家长或监护人同意。并且，未经允许不得向他们提问超出他们能力范围的问题，超过 16 岁的也不能同意。一个 18 岁或者更大年龄的人应该完全能够代表他他自己并对自己的行为负责。特别是，嘉宾不同意就不该被询问关于那些超出他们能力范围的事情或看法。

守则还建议在节目中的剪辑要体现对嘉宾的公正性。要对嘉宾保证保密性或者匿名，这些规则通常应得到遵守。还应该告知他们，出于一定的考虑要把谈话进行记录，并在随后的节目中使用。

守则中提出处理人们参与事实性节目中的反应，并确保广播剧和由真实题材改编的广播剧对于个人和组织的公平性。同样还有一个部分的守则用来处理带有欺骗、陷阱和挑衅来电的问题，此时广播公司不应该使用具有"误导性和欺骗性"音频内容，但是：

• 特殊情况下可以有必要使用那些未经授权通过诱导和欺骗方式获得的信息，如果它是代表公众利益，并且很难从其他渠道获得的；

• 在没有足够的以公共利益为理由的前提，例如有些不请自来的挑衅来电或者有些节目的娱乐性设置，应在发稿前征得个人和有关组织的同意；

• 如果节目录制中某个组织或个人是无法确认身份的，那么就无需经过授权就可以播出；

• 一些涉及名人的材料和那些在公众眼中可以不经授权就播出的材料，但它不能成为大众兴趣点所在而使用的理由。因为这些材料有可能导致其受到公众的不正当嘲笑或者个人的不幸（通常这些材料是经过事先录

198

制的）。

　　（Ofcom 2005:7:14）

　　守则的第八部分处理隐私问题,在很大程度上与关于公平问题的处理有很多相似之处,对录音和广播电话提出如下具体建议:

　　如果有必要,播音员可以对播音员与其他当事人的通话进行录音。一开始,首先要亮明自己的身份,解释打电话的目的并告知对方这次电话内容将被录音,并保证除非特殊情况绝不将此录音用作他途。如果在稍后阶段,很显然节目中的热线电话将被录音并同时播出（但在打电话时未向当事人说明此情况）,然后主持人必须在播出之前取得当事人的同意,除非对方没有要求。

　　（Ofcom 2005:8:12）

　　然而,守则进一步解释作为娱乐节目被录音的那些恶作剧电话可以被允许,如果它只是内在的娱乐而不构成重大侵犯隐私,比如给当事人造成重大的烦恼、痛苦或尴尬。（Ofcom 2005:8:15）

　　当公众认为电台已经违背广播守则时,他们可以直接向 Ofcom 投诉。Ofcom 会进行调查,公布其调查结果及原因,并把近期的广播新闻公布在其网站上（www.ofcom.co.uk）。当广播公司故意、严重且反复违反广播守则中的条例时,Ofcom 可以依法对其进行法律制裁包括重罚（详见第 8 章热线电话中的特例）。

"萨克斯门"

　　最能体现监管法规对主持人约束作用的例子就是 2008 年 10 月,关于主播罗素·布莱登和乔纳森·罗斯的一系列丑闻。布莱登在 BBC 广播 2 台的节目在每周六的晚上 9 点和 11 点钟之间播出,该时段的听众往往都是成人,因此粗话和成人笑话在一定程度上是允许出现在节目中的。不过,10 月 18 日的节目,也就是乔纳森·罗斯作为嘉宾出现的那期节目,被观众批评为完全丢掉品味和道德的"恶俗"节目(休利特 2008),BBC 还因此收到了 42851 封投诉信。

投诉信主要是针对安德鲁·萨克斯留言机里的几条录音留言。这位 78 岁的老演员因在喜剧"菲尔蒂旅馆"中饰演曼纽尔而被观众所熟知。本应该出席该节目的他不得不以意外情况为由取消行程。布莱登此前提到过他和萨克斯的孙女乔治娜·贝利之间有过恋爱关系。萨克斯取消参加节目的安排后,按惯例布莱登和罗斯会给他留言。第一条留言中,罗斯声称自己和萨克斯的孙女发生过性关系。之后的三条留言里,布莱登和罗斯为第一条留言道歉,不过最后却又用猥亵性质的话语咒骂乔治娜·贝利。

令人讽刺的是安德鲁和乔治娜并没有听到这些留言,而是当《周日邮报》请求萨克斯的经纪人对此做出回答时才了解到这些留言。听到消息的萨克斯严厉指责 BBC,该事件被其他媒体大肆报道为"萨克斯门"。之后越来越多的民众从网络和其他来源得知该事件,招来无数指责。十天后,英国首相戈登·布朗也对此表示强烈谴责:"这种行为坚决不能被容忍。"保守党主席戴维·卡梅隆对这一行为提出质问:"为什么在播出之前没有剪辑掉。"(BBC 2008c)

让公众不能理解的是作为录播的节目居然还会播出。Ofcom 广播条例第二条明确规定:

> 严格控制面向公众的节目中主持人过激的言论,例如过激言语、涉及暴力、性、性侵犯、侮辱、非难、攻击人格、歧视性的行为和语言(具体而言包括针对年龄、残疾、性别、种族、宗教信仰和性倾向的言论)。

不仅如此,《BBC 电视节目制作守则》也对此作出相关规定:

> 任何对污秽言语的使用必须经过节目责任总编的批准或者作为单独案例交与责任编辑审理,以及征得节目总监的同意。

该事件明显违背了 BBC 的相关规定。事实上,在节目的录制过程中,制片人必须填写节目审查表。审查表中必须写明可能会使用的污秽言语和行为细节,包括过激语言、涉及性、暴力和歧视性语言:

　　对于审查表中的所有条目,节目制作人对污秽行为和言语予以解释,以及该言语或行为的具体指涉内容。

　　其他条目包括:必须写明该节目是否会有播出前声明和节目是否会涉及法律问题,如涉及必须请律师核实。

　　最后,该审查表必须有节目制片人和责任总编的签字。对于广播 2台,必须有节目编辑和责任编辑的同意。

　　(BBC 是如何审查它的节目的,www. bbc. co. uk)

BBC 信托会的标准编辑委员会在对该事件的调查中指出"该节目的播出中过多地使用污秽语言完全违背了行业准则",并同时指责了制作过程中的错误:"编导没有对节目进行适当的审查和判断,严重违反了节目审查流程的规定。"根据编辑准则,该节目本来就该停播,而显然该节目没有按照审查流程和 BBC标准编辑委员会关于隐私的规定。

调查还披露节目制片人虽然受雇于 BBC,但实际罗素·布莱登拥有部分股权而要为此负责。该制片人通过电话告知安德鲁·萨克斯关于语音留言的事,所以他认为安德鲁已经同意节目使用这些留言,但是安德鲁本人对此予以否认。在节目的获准播出前,广播 2 台的责任总编辑向他提出了节目播出的警告。接着,责任总编又在邮件中建议节目总监将该期节目列为限制级节目播出。总之,信托调查组认为责任总编和节目制片对此事件都有责任:

　　调查委员会不排除节目总监对责任总编的错误不知情的状况。责任总编在发给节目制片人邮件中的内容并没有对节目播出造成的恶劣影响提出合理的预警,由此对节目总监造成了误导。

但委员会最终认定节目制片人最后批准该节目作为限制级节目播出的决策属于严重的失职。委员会同意今后将严格审查有关"性"的污秽言语。

（同上：7）

某种程度而言，"萨克斯门"事件强调重点的不是单个节目，而是 BBC 作为公共媒体要确保节目受到认真的审查。另外，事件的主角之一——乔纳森·罗斯，2006 年与 BBC 签下了 3 年合约，1800 万英镑的薪水让他成为 BBC 最昂贵的主播。同年，BBC 因为承认在某电话热线节目中"诈骗"被 Ofcom 处以 40 万英镑（吉普森 2008b）。布莱登的节目被认为是 BBC 公司疏于监管的另一案例。

最终，罗素·布莱登被勒令停职几个小时后从 BBC 辞职，第二天广播 2 台的节目总监莱斯利·道格拉斯也引咎辞职，乔纳森·罗斯被 BBC 勒令停职 3 个月。部分民众认为莱斯利·道格拉斯没有必要辞职，但信托的调查称，她本人拥有最高决定权。根据 BBC 对于此类节目的剪辑准则，一旦节目中存在对他人的指责，节目播出前必须得到她的授权。马克·汤普森公布了详细报告：

制片人和责任总编对 BBC 的节目编辑负责。所有编辑错误对总负责人惩罚力度更加严厉……我们承诺今后不会允许类似事件发生并且会制定严格的规则。（引自：吉普森 2008b）

这次事件表明，严格的体制也存在疏漏，所有广播从业者必须根据最新的法律法规以及规则来严格要求自己。

第十一章　在广播中启航

在英国，广播产业雇佣了逾2.2万人投身于节目内容生产、技术支持、行政管理以及市场营销的一系列事业。但在大多数的电台工作往往需要拥有一些前期的工作经验或至少掌握一些基础的技能。有多种途径来获得这样的经验，本章中会列举事例阐明。本书中所采访到的所有专业广播人员都一致认为，热情、责任和对广播介质的了解将会使你的第一份广播工作走得更远。

Skillset Website（www. skillset. org）是给初学者启航的好地方。Skillset是一个独立的组织机构，它拥有、经营并管理着视听和出版行业，为英国的广播行业和政府辨识并处理着媒介产业所需的技术和生产力。尽管他们不提供培训，但组织会通过认可的合作伙伴来资助人才培养，除此之外偶尔也有助学金方案去帮助个人得到培训，并给予信息以帮助获得工作经验。他们成功运行过一个叫"Route into radio（通往广播的道路）"的助学金方案。这个方案为期三个月，希望通过在电台里和在职人员一起工作的培训，以帮助获得英国城市专业协会认证的媒体技术资格证。

还有一个值得关注的组织是 Broadcast Journalism Training Council（BJTC）（广播新闻工作者培育委员会）。这个委员会的主要内容是监督将要进入广播或电视的新闻工作者的培训，并有责任授课给予新闻工作者更多更高的教育。这些课程设置标准，由行业通过理事会，BBC 和商业部门通过广播中心来共同制定。BBC 和广播中心的商业部门设有 BJTC 的管理者职位,在设定、维持课程的标准规格、课程参观、作出关于他们的课程是否足够优秀从而被认可的决定上发挥了积极作用。BJTC Website(www. bjtc. org. uk/)有一系列被认可的研究生级别和本科生级别的课程,同时它也涵盖其他课程,比如在布赖顿地区的国际广播学院运行的课程。该网站也提供了奖学金、联系方式和培训材料等有用信息供学生选择。

广播学院是一个注册慈善团体,旨在促进英国广播和音频产品的卓越性。同时它汇集了 BBC 和商业电台,代表着从国际广播电台到独立广播机构,到像政府这样的外来主体(www. radioacademy. org)。在英国的中心地区,它运行着一系列的关于广播不同方面的"大师级"课程。这些"大师级"课程通常是持续一整天,包括研讨会、实践技能课程和业内专家演讲。这些课程对广播学院的成员公开,有充足的名额给那些获得资助的并且已经进入电台工作的人或者是那些被 Ofcom 认可的活跃在学生电台、医院电台和商业电台的人。这个网站还为电台提供寻找合适工作岗位的信息:一个名为"Getting into radio"(走进电台)长约 60 分钟的 mp3 文件,由约翰·皮尔进行介绍,包括管理、制片、新闻工作、发刊等一系列不同方面的广播信息。

广播学院的主管特雷弗·丹恩说,如果你想要进入电台,有一些实际经验是至关重要的,不管这些经验来自于学生电台、医院还是商业电台:

写信给你真正收听过的电台,主动提供一切他们需要的帮助。同时确保你提供的自身经验确实可用。除此之外还要明确你寄出的样本带是和你应征的电台有关的。不许写"to whom it may concern"(致相关人士)或者"programme director"(节目导演)。上面应该标明一个名字或者是与个人相关的内容,使你的简历在一大堆简历中显得大胆、与众不同从而脱颖而出。

为医院、商业或者学生电台工作,不仅能给你有价值的经验和技术,同时能够提升你的形象,引起主流广播公司对你的注意。帕丽斐 TJ,她学生电台的节目获得最佳专业类别奖的金奖和最佳女性贡献奖后,她被主流广播公司所关注。帕丽斐是这样解释的:

音乐 6 台当时正在更换"音乐 6 台排行榜"的主管,音乐 6 台接触那些为学生电台奖制作音频列表的作品生产公司,让这些公司为那些才华横溢的年轻人能被录用做出建议。聪明的出版商将我的样本唱片转递给瑞克·布莱克希尔。在这之后,他邀请我去伦敦录制一个原声秀。幸运的是,他喜欢这个样本唱片并问我能否过来参加原声秀。这个转变是发生在两周之内的,所以你能想象这简直就是突如其来,却又是的确真实的。

音乐 6 台排行榜是一个一小时的节目,播放着刚在官方排行榜前 40 名开外的音乐。这个排行榜被官方图表公司所完善,完善后的排行榜内包括一些仍活跃的、从未进入前 40 名的和最近几年也发表过专辑的艺人。帕丽斐说道:

通过这些苛刻且奇异的标准,我们接触到广泛的电子音乐,如嘻哈、贝斯、民谣、电子乐、重金属等等你能想到的所有独立音乐作品中。他们就在音乐 6 台中播放!这是一个围绕专辑和音乐家的信息等一系列环节的快节奏秀。在秀的结尾处,我们倒数前 10 名专辑的名称,播放第一名专辑中的音乐。

不幸的是,音乐 6 台觉得这个秀的模式过于复杂在 2008 年将它废除,解除和帕丽斐的合同协议,她因此受挫:

我的志向仍是成为一名广播员,这是我所热爱的。或许音乐 6 台对我而言是错的时间和错的地点。这确实是一场有趣的经历,所有表演者不得不选择某一地方作为起点。我不为音乐 6 台的决定而感到遗憾,我仍将继续我的音乐目标,这几乎是一条通往我的理想的狭窄小道,我为我的成就而感到自豪。在这里我习得的不仅是从学生电台到主流电台的交接过程,而更多的是在每个阶段提升自己水平,为保持你的地位而大干一番。

她也领悟到成为一个音乐创作者并不像它听起来那样富有魅力。在音乐 6 台工作时,她做的是一份全职工作。"你不得不为工作的不确定性做好准备,等待直到一些事情突然出现在你的职业道路上或者你突然走到别专业的道路上",她如是说道,"自从在广播产业中工作过后,我想说保持热情、有坚定的决心、不做作,是能否被雇佣的重要考虑因素。"

来自特伦托调频 96 的路易斯·斯克姆林肖认为,在你得到一份工作或者工作经验时,需要不屈不挠的精神,但是他也建议新手在接触所选电台之前应做一些调查:

以下三点虽为小事但很重要。如当你无论是通过电话、邮件、信件来咨询时,务必知道最新主编的名字。若是主编的名字可男可女,务必确认其性别。当你与主编见面时,最好从一些你最近收集到的信息或是对他们节目产品的观察开始,因为他们会想让你展现你的兴趣点所在或者是他们会通过你对他们节目产品的看法借此来考验你,至少他们想要知道在你出现在他们办公室门口询问工作、地点或者自由作家的工作进程时会不会打扰到他们在办公室里想想法的过程。

在商业电台中,有一个好声音是至关重要的,所以当你在读大学或者研究生课程时,尽可能多地去参加声音训练。练习阅读新闻简报并且大声阅读,面向孩子阅读时会帮助你在大声朗读时感到舒适。

你了解这则新闻是最重要的,它会帮助你有更广泛的新闻。知道早餐秀最新的噱头是什么,早上他们的谈话内容不会对你有任何损害。借而你可以理解在电台里其他部门是如何工作的,和其他部门对新闻有影响力的人一起工作,这些都会对你有所帮助。

诺丁汉 BBC 广播的新闻编辑埃涅阿斯·罗特索斯说道,如果你想要成为一名广播新闻工作者,必须对所有的新闻保持热情:

做一个喜爱新闻并消化新闻内容的人——听当地新闻广播、阅读当地新闻日报,同时也关注国家新闻,看电视新闻,这是重要的项目。另一个项目是知道并且对人们讨论的话题感兴趣,做新闻的人不得不保持好奇心。另外附加的一点是,通常来说要对新闻本身和新闻播报保持热情。如果这些人没有这种热情,他们会发现他们很难去说服别人让别人信服自己想成为一名新闻工作者。

实际上,吉姆·来瑟姆,BJTC 的秘书,承认现在想要进入电台工作比以往困难,尤其是在电台的商业部门。他说,有一手好文章和好口才是至关重要的,有驾照是一个独特的优势。但是他又补充道,在今天,鉴于媒体的融合性,你想要进入电台工作,必须也要有能力在多平台媒体上工作:

你会被要求有能力去拍摄、处理视频和剧照,如同处理音频文件一样,在网站模板范本上进行操作和知道怎么去设计自己的作品同样重要。

你需要了解一个时尚的、信息会聚的新闻编辑部的所需,不同的截稿日期和先后顺序,选择并决定作出不同平台的新闻节目,如何安排你的时间履行新闻在所有不同平台播出的诺言,同时还有一些额外的、特殊的创意火花,让你在每个平台选择不同角度作出新闻节目,从而与别人相比时或是大赛中脱颖而出。

你需要去知道电台的本质——一个较为私密的、个人的媒体是什么,甚至新闻播报员需要和听众接触,展现人类少有的温馨,你的声音是多么的重要,你又要如何好好运用它。电台听众往往独自收听而非结群,所以要了解新闻播报员声音的重要性,考虑如何利用文字和声音在听众的脑海中形成一个画面。

当然,你需要一些传统的、新闻工作的核心技术和知识。了解一个新闻故事是怎么样的,当新闻事件发生时如何迅速找出新闻故事,如何精确地得到新闻故事的信息,如何区分新闻故事的真假,如何将这个新闻故事交给编辑,如何去找到被采访者和事件相关的图片视频,如何去采访被采访者、如何去做好上述所有事件并确保自己安全与健康,如何去解决事件中存在的风险。

还有一点很重要,那就是没有法律、伦理道德、行业准则等这些重要背景为依托,你就处于危险中。在做新闻故事的这几天,尽管没有 Ofcom 的 7% 罚款和公众激烈的批评,但也没有任何雇主愿意冒险来给你提供有用信息。

你需要知晓公平、客观、信任这些概念,知道它们在现在广播中的意义和它们如此重要的原因。

正因为许多新闻事件的资料来源于政界和政府,你需了解政府不同层级的工作范围,这条例是由哪个部门负责的,在每个层级中都有哪些人。

当一个看起来使人却步的应征要求条目完成时,没有一个雇主期待所有技术都出现在一个应征者的工作经历上,但是他们往往期待着应征者有一个对本电台、听众的范围、热情互动环节的研究调查。

把一些调查放进你考虑研究的课程中也是必要的。如果你有一个针对面较广的学位、参与过大学课程和职业课程,选择一个与你将来工作息息相关的专业课程是很重要的。得到一个全国性认可的职业资格证书或者是本行业认可的证书,这样以后无论你身处哪里都不担心工作问题。同时你也要考虑到以下方面:

- 这个课程是如何评估的,它只是理论方面的课程还是同时有实训练习存在?

- 在这个课程里使用的设备是什么?它交给你的技能是否与现代广播行业相匹配?

- 是谁教授这门课程?导师自身是否具有广播经验还是他的经验也是从别人那里习得的?

- 该课程与广播行业的联系是什么？与广播行业相关的课程是否为他们的学生提供不仅是工作经验还有未来就业方面相关的有价值的东西。
- 先前受培训的那些学生的就业如何？一个好的指标是学生所被教授的技能与将来的岗位相关。

BJTC 的吉姆·来瑟姆表示工作经验确实是重要的；

每个被 BJTC 认可的课程一直试图将生活与广播行业尽可能地相贴近，包括他们运行自己的实验电台。

但撇开上面的不谈，实际上想要模拟真实的电台工作是很困难的，强调近距离接触的重要性，在一个新闻工作团队中学习以及和一个真实观众的交流都是过犹不及。

一般来说，你的第一份工作水平通常是通过这些工作平台得到提升。如果他们喜欢你，会给你提供一份相当于自由化作家级别待遇的工作。你和你拥有的能力会被新闻主编赏识，并在下一次晋升中发挥优势。

BJTC 有正式和非正式两种不同的处理方式，这些方式能运用于 BBC 和商业部门的工作平台，例如它告诉员工不要坐在角落，沏茶，将信件分类，而是做一些让你看起来像是真正的新闻播报员的工作。

广播行业的约定俗成的处理方式是他们提供工作平台，这样他们就能在下一代有才华的年轻人中挑选出精英。

然而不幸的是，不是所有的电台都能用一种高尚的方式对待那些想要获得工作经验的应征者，他们对学生撒谎，说在你了解这份工作之前的所有实习时间都是没有工资的。吉姆·来瑟姆说，这些情况仅仅会发生在少部分的电台中，但是如果你是那些被认可的课程中的实训生的话，老师会带领你进入一个工作平台，一年中你可以在那里实习 4 个礼拜，没有工资，这条规定是约定俗成的。在这之后，他们会支付给你最低工资，然后逐级增加。但是学生热衷于想要获得尽可能多的工作经验,高压下的电台需要更多的助手,所以导致总体的指导方针模糊不清。像吉姆·来瑟姆所说的,"从学习这份工作到探索这个职业有一条线联系着这两方面,很多同学执著于此是因为他们对广播行业的极度热情和渴望。"他建议学生更好地利用与 BJTC 或是全国记者会的联系。

吉姆·来瑟姆注意到:"在现实社会中生活是困难的,你必须使自己成为一个强者。自从新闻播报员杰里米·拜恩到帕丽斐这种成为家喻户晓的人物后,在电台工作成为最能实现个人抱负的工作之一,值得人们进入电台工作、献身于这项事业中,并取得相应的成就。"

术语表

现状:直播或录制的现场事件或采访音频,也就是说,好像是"实际"发生的一样。

AD:广告或商业宣传片。

即兴:不用稿子的临场讲话。

AM:见"频率"。

模拟广播:非数字广播,例如 AM 或 FM。

仿直播:预录的节目,听起来好像是直播一样。

氛围或气氛:能为采访或音频报道提供位置观念的背景噪音。某个地点的"自然"声音,比如酒吧、学校、乡村。能够作为"床",演播室以其为节目包提供连续性。也被称为"非同步声迹"。

音频:实际声音。采访或现场录制音频报道中的材料。

音频馈送:寄给演播室或电台的音频剪辑和其他材料。

自动水平控制装置(ALC):便携式录制器械和演播室工作台上的装置,用来维持标准录制水平。

后纪元(B/A):一个音乐或采访片段结尾处的通告,为刚听到的内容提供细节。

基地:广播演播室地点。

床：跟语音报道同时播放的一段录制音乐或现状，用来提供连续性或氛围。例如，伴随商业电台新闻公告同时播放的音乐被称作"新闻床"。

双媒体：用以描述任何同时涉及广播和电视的公司。BBC、ITN 和天空都有为广播和电视制作材料的记者。

公告：关于某个话题最新消息的报告，例如新闻、旅游或天气。

耳机：头戴受话器。

标语：广播稿顶端定义新闻报道或节目的词语，也称导语。

剪辑、片段：采访或其他录像的摘录。

评论：事件现场的广播报道，例如体育比赛或国葬。

副本：主持人或新闻播音员念的书面资料。新闻副本不用任何音频就能讲述故事。

提词：1. 一段直播或录制音频的书面介绍。2. 用手指出或用光照出的下个节目开始的信号。3. 某人耳机里听到的节目或音频，介绍或暗示广播应该何时开始，例如从演播室到室外广播场地，或接下来将提到的某个人。

DAB：数字音频广播。英国采用的数字广播传输系统。

DAB＋：DAB 的替代系统，用不同解码器（转换数字信号的方法）传输数字广播。

延迟系统：把直播广播传输延迟 3～10 秒的电子装置，主要用于热线电话节目，以屏蔽诽谤或不敬的言论。

人口统计数据：某家电台以年龄、性别、种族、职业等为基础的一般听众形象。对于想要面向某个特定听众群的广告商来说很重要。

工作台：演播室里的控制面板，用来把不同传输源结合在一起。

数字马兰士：一种便携式录音机；

数字平台：传送和接收数字节目的方法，如 DAB、数字电视和移动手机。

数字广播发展局：BBC 和商业广播共同所有的组织，成立目的是推广 DAB。

数组广播源（DRM）：DAB 的替代系统，使用 AM 发射器传送数字广播。

数字广播工作小组：2007 年成立的小组，成员是广播行业和相关利益主体的代表，旨在推广数字广播，提高其渗透率，努力实现英国广播从模拟转换到数字。

双重拍档：两个人主持的项目或节目。

驱动：驱动一张工作台是指操作一张演播室工作台。

开车时间：下午晚些时候的交通高峰时段，该时段有大量听众下班开车回家，是一天中广播收听的高峰时段。

复制：把音频从源头拷贝到另一处，如从录音机到电脑。

时长：一个音频片段或书面文本（提词或副本）的时间长度，精确至秒。

编辑：准备传播的音频。简单地说，编辑包含寻找合适的开头和结束点，另外还涵盖删除多余材料，能让报道意义丰富或更加顺畅。

禁令：在特定日期或时间前不能透露信息的要求。

ENPS：电子新闻供给服务。BBC 用来管理音频和文本的计算机化新闻编辑室系统。

音量控制器：演播室工作台上的滑动器械，能打开一个音频频道并控制音量。

特色：为广播节目准备的项目，通常包括采访、现状和链接。

供给：外部来源提供的音频，例如，IRN 为各家商业广播电台供给公告中使用的新闻剪辑。

回馈：也称"回声"。耳机中的信号通过邻近扬声器传播后制造的效果，之后被耳机收到，形成了一个音调很高的回声。如果打热线电话的听众电话旁开着一台收音机，节目里也会听到这个声音。

固定点：某个特定时间节目中定期出现的项目，例如早餐和开车时间的旅游新闻。

FM：见"频率"。

模式：1.人们认可的广播电台节目风格，涉及语音和音乐的比率、播放的音乐类型、传送风格。2.个体节目的结构和播报，比如说，关于每小时内的时间核查次数、短曲和频道标志的使用、链接的时长。

频率：模拟广播波段的量度。电台的频率决定其在拨盘上的位置。AM 波段（调幅）上的频率以 kHz（千赫）计量，包括中波和长波传送的，在 DM 波段（调频）上以 MHz（兆赫）计量。

FX：用来为特别节目或包裹添彩的音效。

GTS：格林威治时间信号。如今已经不再是来自格林威治，而是由 BBC 发布，每小时头几分钟广播的 6 次报时信号，用来核查准确时间。

IBA：独立广播局。1973 年至 1990 年间，这个机构管理 BBC 以外的所有广播。该机构的广播监管活动先是被广播局接手，后来又在 2003 年被 Ofcom 执掌。

频道标志：让听众识别电台的方式，通常以短曲的形式。

ILR/IR：独立地方广播、独立广播。所有覆盖国家、地区和地方电台的商业广播。

ISDN：数字网络综合服务。利用电话线提供高质量数字音频信号的系统。

短曲：一小段用来识别电台或特定节目或主持人的音乐。

陆上线路：能够携带高质量信号的电线，用于 ISDN 之前的室外广播。

导线：新闻公告中第一个也是最重要的报道，还指从一设备连接至另一设备的电线。

LED：发光二级管。通过一系列灯光指示音量的仪表。

水平：仪表上显示的录制或广播声音的音量，同时也是对说话者声音的预录检查，称作"水平检查"。

链接：节目间为听众介绍或设定节目而说的话；也指节目包中用来联系采访剪辑的话语。

日志：电台的节目产出记录，为防止法律纠纷，只能保存最短时间；还指电台播放的所有音乐记录，用以知会表演专利协会，好支付版权税。

仪表：监控音频水平的设备。VU（音量单位）表显示了音频的平均值，PPM（峰值节目表）用来测量音频的峰值。

麦克咔哒：录制过程中移动耳机线引起的噪音。

小型磁盘录音机：使用微型光碟的数字录音器械。

混频：融合两个或更多的音频源。制作节目包时使用，用其将采访和链接与音乐或音效结合在一起。

唱片节目播放时间：一家电台用来播放商业化制作音乐的时间量。

新闻通讯社：在商业基础上提供其他新闻媒体使用的新闻报道的组织。

新闻稿：也称作"新闻"或"媒体发布"。某个组织准备好信息来告知活动的新闻组织机构。组织可以用新闻稿来推广一家新企业，或者为一个正在进行的报道提供解释，例如，犯罪报道或劳工运动。

NVQs：国家职业资格证书，在苏格兰称 SVQs。国家设定技能标准的职业奖。广播的标准由技能组设定。

OB：室外广播。

话筒外音：麦克风没有直接收到，可是广播中能听得见的声音。

结束语：一段音频的最后几个字，写在提词里面，提示音频即将结束。

产出：听众听到的声音。

节目包：节目记录，包括采访、链接和（或）音乐、音效，为广播准备的提词。

爆音：发"p"和"b"音时气流冲出引起的扭曲，通常因为主持人或受访者靠麦克风太近的缘故。

PPL：留声机性能有限公司。代表唱片公司，许可音乐广播。

ppm：峰值节目表。测量音频峰值。见"仪表"。

前推：演播室工作台设施，能让主持人听音频源（直播或录制），在广播前调整水平仪。

不敬：也称作"不敬言语"。电台产出延迟的话，例如热线电话节目中，是为了防止广播不敬或诽谤的言语。

宣传片：下个节目的宣传片，也称作"追踪"。

展望：当天将报道的新闻列表。

PRS：表演专利协会。代表音乐家、作曲人和出版商的利益，作为信息交流所，使用直播和录制资料。

psa：公共服务通告。所有为公共利益提供信息的节目，例如旅游新闻、慈善活动告示、警方呼吁。

问与答：主持人就留意的新闻报道向记者提问的节目，也称作互动。

广播局：1990 年至 2003 年间为广播发放许可证和管理广播的机构。如今已被 Ofcom 取代。

广播中心：代表英国商业广播利益的机构。2006 年成立，由商业广播公司协会和广播广告局合并而成。

RAJAR：电台联合受众研究。这个机构由 BBC 和广播中心共有，为英国所有电台衡量听众。

用户数：规定期限内在 TSA（总服务区域）收听广播的总体听众百分率。

版税：基于一家广播电台播放的录制音乐数付给表演专利协会的费用。

RSL：有限服务许可证。Ofcom 为特定时间在有限地理区域广播特殊活动发布的许可证，有效期通常是 28 天。

播出次序：一档节目中各项目的计划订单。

日程表：一周节目的计划顺序。

选择器：从预先进入的音乐库中选择歌曲的软件系统。音乐以不同方式归类，如歌手姓名、歌名、排行榜位次、情绪、节奏等，另外这个系统还能根据当天节目播出时间和广播需要的频率提供播放次序，以确保歌曲在节奏和情绪上承接顺畅。

共享：某家电台收获的总共收听时长，以在同一播送区域的人们收听所有广播服务时长总数的百分比形式呈现。

同播：在不同频率广播相同节目产出的做法，例如模拟电台在数字频率上广播节目。

导语：用来定义一个节目的字或词，也称标语。

原声摘要：采访的简短摘录。

soc：标准结束语。报道结尾处记者使用的既定话语形式，如"IRN，约翰·史密斯从中央刑事法庭老贝利发回的报道"。

直击：简短的短曲或频道标志。

叮：用来隔开节目的一小段音乐声，经常会提到电台名称。

特约记者：自由撰稿记者，负责报道某个没有正式记者的地区。

对讲系统：连接演播室、控制室或室外广播地点的离播交流系统。

诱饵：稍后节目的简短广告。

tec. op.：技术操作员。在演播室外驱动节目的人。

头和尾：保证一段音频的开头和结尾"利落"的基本编辑，让节目能在准确时间点开始和结束。

追踪：下一档节目的宣传广告。

播送区域：一家电台服务的地理区域。这可能不同于能接收电台的区域范围，不过是 RAJAR 用来衡量电台听众的区域，也是电台节目产出参考的地区。在 RAJAR 术语中也称 TSA（总的调查区域）。

互动：问与答的另一个名称。主持人和记者间的采访，为一个事件提供信息和分析。

音库：应急服务用的系统，以此录制供记者采用的信息。

音频报道：记者照广播稿念的报道，另附有新闻播音员播报提词。

民众之声：字面意思是"人们的声音"。大街上人们对某个问题的一系列回应，编辑一起成一个系列。附有新闻播音员念的提词。

VU：音量单位表，测量声音的平均音量。

波形：数字编辑系统中电脑上显示的声音视觉效果。

非同步声迹：背景噪音或现场周围声音的录音，编辑至录制好的报道中提供氛围。

防风罩：麦克风上的泡沫"袜子"，用来防止录制时收进风声。

通讯社：新闻社寄给新闻编辑室的国家和国际新闻报道，通常以电子方式发送。

包装：记者链接采访的一种新闻项目，字面看来是指把他们的声音"包装"进一段采访剪辑中。

译后记

目前国内研究广播理论和现状的书籍比较少，这也是我们翻译此书的主要目的。同时此书也是国家社科基金艺术学一般项目《新兴媒体竞合下中国广播现状与发展研究》的阶段性成果。然而水平有限，必然存在失误之处，希望广大读者、专家不吝批评指正，以便再版时予以修订。

于此成书之际，由衷感谢浙江传媒学院项仲平副院长的大力支持，感谢出版社李海燕老师认真仔细的编辑工作，同时也要感谢郑爽、沈青、董政威、吴微瑕等同学参与本书的校稿工作。

图书在版编目（CIP）数据

广播手册 / (英) 弗莱明著；胡文杰, 姚争, 刘晓莺等译.
—杭州：浙江大学出版社，2013.7
书名原文：The radio handbook
ISBN 978-7-308-11828-6

Ⅰ.①广… Ⅱ.①弗…②胡…③姚…④刘… Ⅲ.①广播—
手册 Ⅳ.①G22—62

中国版本图书馆 CIP 数据核字（2013）第 161163 号

浙江省版权局著作权合同登记图字：11—2012—201
The Radio Handbook 3edition
By Carole Fleming
Authorized translation from the English language edition published by Routledge, a
member of the Taylor & Francis Group
Simplified Chinese translation copyright © 2013 By Zhejiang University Press Co. Ltd.
ALL RIGHTS RESERVED
Copies of this book sold without a Taylor & Francis sticker on the cover are
unauthorized and illegal.

广播手册

卡罗尔·弗莱明 著

胡文杰 姚 争 刘晓莺等 译

责任编辑	李海燕
封面设计	续设计
出版发行	浙江大学出版社
	（杭州市天目山路 148 号 邮政编码 310007）
	（网址：http://www.zjupress.com）
排　版	杭州中大图文设计有限公司
印　刷	德清县第二印刷厂
开　本	710mm×1000mm 1/16
印　张	14.25
字　数	250 千
版印次	2013 年 7 月第 1 版 2013 年 7 月第 1 次印刷
书　号	ISBN 978-7-308-11828-6
定　价	45.00 元